新版

あなたにつながる
八《や》百《お》萬《よろず》の神々

日本の神話と神様手帖

秦まゆな 著

マイナビ

はじめに

ある日、あなたの家のチャイムが鳴りました。

ドアを開けると、見知らぬ女性。

「ここに来ると、恋人ができるって聞いたんで、よろしくお願いします！」

あなたは当惑して答えます。

「え、どなたをお訪ねですか？」

「いや、名前は知らないんですけど。よろしくお願いします!!」

女性はそう言って、頭を下げると帰っていきました。

あなたはどう思いますか？

「何あの人、すっごい失礼!!」

なんて、思うのじゃないでしょうか。


でも、この訪問者は神社へお参りするときの私たちの姿だとは思いませんか？

縁結び、パワースポットなどといった言葉で頭がいっぱいになってしまって、そこにお祀りされている神様のことなど、頭からすっかり抜け落ちてしまう。

「お願いごとをする前に、自分の住所と名前を言わないと、神様が誰だかわからないんだって」なんてウソかホントかわからない知識はあっても、その神様のお名前やどうしてそこに祀られたかまでは知らない。

ご安心ください。日本の神様は寛大ですから、こんなことでいちいちご立腹されることはないといいます。

でも、神様だって自分のことをきちんと知ってくれて、それで手を合わせてくれたほうがご気分がいいんじゃないかと思うのです。

もう何千年と、晴れの日も雨の日も変わりなく、私たち日本人のことを見守り続けてくださっている神様です。

晴れの日も雨の日も……と書きましたが、長い日本の歴史の中では、私たち日本人の多くが神様にあまり関心を払わない時代もありました。

それでも変わらず、神様は見守り続けてくださっているのです。

私たちがちゃんとお名前やご縁起を知って手を合わせたら、もっともっと見守ってくださるんじゃないかなーなどという下心は隠しつつ、八百萬《やおよろず》の神様への精一杯の感謝と親愛をこめて、この本をお届けしたいと思います。

それでは、今から神様たちを訪ねる旅へと出発しましょう！

秦まゆな

目次

はじめに …… 2
日本の神話の主な舞台 …… 8

第一章　国生み

一　世界のはじまり …… 12
最初に現れた神様は誰？ …… 13
天之御中主神のもうひとつの姿 …… 15
神様と仏様の関係 …… 18

二　伊邪那岐命と伊邪那美命の国生み …… 20
日本最古の国土、淤能碁呂島はどこ？ …… 21
最初の結婚は失敗 …… 21
伊邪那美命の出産ラッシュ …… 24

第二章　黄泉の国

一　迦具土神 …… 28
伊邪那美神の死と新たな神々の誕生 …… 29
台所と秋葉原の神様、迦具土神 …… 30
伊邪那美神が葬られた地 …… 31

二　黄泉の国 …… 34
「見るな」という禁忌 …… 35
伊邪那岐命を助けた果物とは？ …… 36
伊邪那岐命と伊邪那美命は喧嘩別れ？ …… 37
「穢れ」を清める「禊ぎ」の考え方 …… 39
伊邪那岐命の禊ぎから生まれる神々 …… 40
伊邪那岐命の禊ぎルートの謎 …… 42

神話めぐりの旅の手帖 1 …… 44

第三章　天の石屋戸

一　天照大御神と須佐之男命の誕生　50
日本神話の主役の登場　51
問題児・須佐之男命の正体　52
伊邪那岐命の終焉の地　54
伊弉諾神宮の秘密　55
天照大御神と須佐之男命の誓約　57
宗像大社の三女神　59

二　天の石屋戸　62
天の石屋戸は実在する？　63
知恵の神・思金神のアイデア　64
神事のはじまり　66

第四章　須佐之男の活躍

一　八俣大蛇　70
八俣大蛇はただの伝説か？　71
『出雲国風土記』の謎　73

二　須佐之男命の結婚　76
島根に残る須佐之男命の足跡　77
須佐之男命の妻たち、子供たち　79

神話めぐりの旅の手帖 2　81

第五章　大国主神の国づくり

一 稲羽の素兎……86
たくさんの名をもつ大国主神……87
縁結びの神様になった兎……88
兄弟神たちの嫉妬……90
民間療法を伝える神話……91
大屋毘古神の助け……93

二 大国主神の結婚……96
大国主神と須勢理毘売の恋……97
大国主神の作戦……98
須佐之男命の許し……99
宇迦能山はどこにある？……100
神々の愛の歌と大国主神の妻子たち……102

三 国づくり……106
国づくりに奔走する大国主神……107
少名毘古那神と久延毘古……108
新しい協力者・大物主神……110

第六章　国譲り

一 天照大御神の使者……112
天照大御神の攻勢と失敗……113
下照比売の一族、古代カモ氏の繁栄……115
最後の使者・建御雷之男神の登場……117

二 国譲り……118
国譲りが行われた現場……119
謎多き事代主神の行動と美保神社に残る「青柴垣神事」……120
稲穂の神・三穂津姫命に託された希望……121
事代主神のもうひとつの顔・エビス様……122
建御名方神の退却と諏訪大社……123
建御名方神と諏訪の先住民・守矢氏……125
諏訪の人たちが祀る神様は……？……126
大国主神の願いで建てられた出雲大社……128
出雲大社はいつ建てられた？……129
国譲りの勝者・建御雷神のその後……131
国譲りの功労者は建御雷神ではなかった……？……132

神話めぐりの旅の手帖 3……134

第七章　天孫降臨

一 天孫・邇邇芸命 …… 140

邇邇芸命の登場 …… 141

邇邇芸命の兄、天火明命の正体 …… 141

道案内の神・猿田毘古神 …… 143

地上に降りた神々 …… 145

三種の神器 …… 147

伊斯許理度売命と玉祖命 …… 151

邇邇芸命が天降られた場所は？ …… 152

江戸時代から続く高千穂論争 …… 154

神話めぐりの旅の手帖 4 …… 157

［コラム］

伊勢の神宮めぐり …… 26

大気津比売と日本の農業 …… 68

猿田毘古神と天宇受売神 …… 156

［巻末資料］

掲載神社リスト …… 162

神様名索引 …… 168

参考文献 …… 173

終わりに …… 174

【注意事項】本文における神様のお名前については、原則的には『古事記』を元に表記しています。ただし、「神話めぐりの旅の手帖」内、および脚注内での神社の紹介文では、各神社における御祭神の表記としました。

❖本書で紹介する

日本の神話の主な舞台

この本では『古事記』の冒頭部分を中心に、日本の神話を紹介しています。物語の舞台はさまざまに広がっていきますが、ここでは主な舞台となる場所を記します。

高天原《たかまのはら》と葦原中国《あしはらのなかつくに》

日本という国は、神話の世界では葦原中国《あしはらのなかつくに》と呼ばれます。天《あま》つ神《かみ》が住まう高天原《たかまのはら》から降りてこられた伊邪那岐命《いざなきのみこと》と伊《い》邪《ざ》那美命《なみのみこと》がおつくりになった国です。二柱の神がはじめにおつくりになり、高天原から降りてこられたのが淤能碁呂《おのごろ》島。日本の神話はこの地を基点に、須佐之男命《すさのおのみこと》や大国主神《おおくにぬしのかみ》が活躍する出雲《いずも》、天孫が降臨する高千穂など、私たちが現在訪れることのできる地の他、黄泉《よみ》の国や根《ね》の堅州国《かたすくに》などへも展開していきます。

　これからはじまる神々の物語を、その位置関係も想像しながら追いかけてみましょう。

ブックデザイン　山下可絵
イラストレーション　おおの麻里

第一章

国生み

一　世界のはじまり

天と地がはじめて開けたとき。高天原《たかまのはら》という天上界に、天之御《あめのみ》中主神《なかぬしのかみ》という神様が現れました。

続いて現れたのは、高御産巣日《たかみむすひの》神《かみ》、次に神産巣日神《かみむすひのかみ》でした。

三神がお隠れになってから、宇《う》摩志阿斯訶備比古遅神《ましあしかびひこじのかみ》、天之常立《あめのとこたち》神《のかみ》が現れました。

この五柱の神々は「別天《ことあま》つ神《かみ》」という、最も尊い神様です。

その後、国之常立神《くにのとこたちのかみ》をはじめ、十柱の神々が現れました。

そして最後に、伊邪那岐神《いざなきのかみ》、伊《い》邪那美神《ざなみのかみ》が現れました。

最初に現れた神様は誰？

『古事記』の冒頭には、「世界のはじまり」が語られています。

はじめに現れた天之御中主神《あめのみなかぬしのかみ》を筆頭に、それぞれの神様にはそれぞれのお役目[※1]があり、「日本人はこういう役目で世界（宇宙）が成り立っていると考えたのだなあ」などと思えて、なかなか興味深いものです。

ところが、専門家によると、この『古事記』における天地創造は「『古事記』編纂の中心人物だった天武《てんむ》天皇[※2]の思想が色濃く反映されたもの」らしく……。

世界のはじまりとともに現れた神々

別天《ことあま》つ神
- 天之御中主神《あめのみなかぬしのかみ》
- 高御産巣日神《たかみむすひのかみ》
- 神産巣日神《かみむすひのかみ》
- 宇摩志阿斯訶備比古遅神《うましあしかびひこじのかみ》
- 天之常立神《あめのとこたちのかみ》

国之常立神《くにのとこたちのかみ》
豊雲野神《とよくものかみ》

宇比地邇神《うひぢにのかみ》＝（妹）須比智邇神《すひぢにのかみ》
角杙神《つのぐいのかみ》＝（妹）活杙神《いくぐいのかみ》
意富斗能地神《おほとのぢのかみ》＝（妹）大斗乃辨神《おおとのべのかみ》
於母陀流神《おもだるのかみ》＝（妹）阿夜訶志古泥神《あやかしこねのかみ》
伊邪那岐神《いざなきのかみ》＝（妹）伊邪那美神《いざなみのかみ》

※＝は男女対偶の神

※1 神様のお役目
さまざまな解釈がありますが、天之御中主神と万物生成の神（高御産巣日神、神産巣日神）により世界の素ができあがります。次に成長していく力（宇摩志阿斯訶備比古遅神）とそれを支える力（天之常立神）によって、屋根（天）ができます。大地ができ（国之常立神）、空には雲（豊雲野神）。泥（宇比地邇神）、砂（須比智邇神）、杙や柵（角杙神、活杙神）、門や戸（意富斗能地神、大斗乃辨神）が生まれます。姿形の整った存在（於母陀流神）とそれを「尊い」とする意識（阿夜訶志古泥神）が産まれ、伊邪那岐神と伊邪那美神につながります

※2 天武天皇
四十代天皇。『古事記』の序文には天武天皇の命により編纂がはじめられたことが記されています

すなわち、中国の学問である儒教や道教を学んだ天武《てんむ》天皇が、その思想を取り入れたもので、それ以前の日本人が信仰していたわけではない、ということのようです。

たしかに「最初に現れた最も尊い神様」とされているにもかかわらず、天之《あめの》御中主神《みなかぬしのかみ》や高御産巣日神《たかみむすひのかみ》、神産巣日神《かみむすひのかみ》が神社に祀られたのは、その後に現れた国之常立神《くにのとこたちのかみ》や伊邪那岐神《いざなきのかみ》、伊邪那美神《いざなみのかみ》よりもずっと後なのです。

たとえば、「天の中心の神」と考えられる天之御中主神《あめのみなかぬしのかみ》は、安産祈願で人気の水天宮《すいてんぐう》※3に祀られているのですが、そのご由緒は、というと。

『古事記』編纂から約五百年経った平安時代末期。源氏と平氏が激しく戦っていた時代です。寿永四年（一一八五年）、壇ノ浦の戦いで、平氏は滅亡。そのとき生き残った按察使局伊勢《あぜちのつぼねいせ》という女性が平家一門の霊を慰めるため、現在の福岡に天之御中主神《あめのみなかぬしのかみ》を祀ったといわれています。

同様に、高御産巣日神《たかみむすひのかみ》、神産巣日神《かみむすひのかみ》は古いところでは、僧・行基《ぎょうき》※4によって祀られた赤丸浅井《あかまるあさい》神社※5（富山県高岡市）が挙げられますが、それも『古事記』編纂から五年後の養老元年（七一七年）のこととなります。

対して、伊邪那岐神《いざなきのかみ》を祀る伊弉諾《いざなぎ》神宮※6（兵庫県・淡路市）の創建は神話時代※7、国之常立神《くにのとこたちのかみ》を祀る玉置《たまき》神社※8（奈良県吉野郡）が十代崇神《すじん》天皇※9の御世と伝えられていて、どちらも『古事記』成立よりも遙か昔から信仰されていたことがわか

※3 水天宮
江戸時代に江戸の有馬藩上屋敷に分祀され、明治五年（一八七二）、東京・中央区の現在地に遷座。江戸時代より安産祈願に霊験あらたかとされ、現在も「戌の日」は特に、妊婦さんとその家族で大盛況

※4 行基
奈良時代の高僧（六六八～七四九）。奈良の大仏を建立したのもこの方（四十五代聖武天皇の命による）

※5 赤丸浅井神社
主祭神は高皇産靈神。境内の樹齢一二〇〇年以上と推定される大けやきがその歴史を物語っています

※6 伊弉諾神宮→P44

※7 神話時代
世界のはじまりから初代天皇である神武天皇以前の神話の時代のこと。『日本書紀』から換算すると神武天皇の即位は紀元前六六〇年（西暦）

※8 玉置神社→P44

✣ 神話時代から平安時代の神社の創建年表

時代	年	出来事
神話時代	前一世紀	伊弉諾大神《いざなぎのおおみかみ》を祀る 伊弉諾神宮創建 国常立尊《くにのとこたちのみこと》を祀る 玉置神社創建
古墳時代	神武元年（前六六〇）	初代神武天皇即位
飛鳥時代		
奈良時代	和銅三年（七一〇）	平城京遷都。奈良時代スタート
	和銅五年（七一二）	『古事記』が編纂される
	養老元年（七一七）	行基《ぎょうき》が赤丸浅井神社を創建 高御産巣日神《たかみむすひのかみ》、神産巣日神《かみむすひのかみ》を祀る
平安時代	延暦十三年（七九四）	平安京遷都。平安時代スタート
	寿永四年（一一八五）	平家滅亡 按察使局伊勢《あぜちのつぼねいせ》が水天宮に天之御中主神《あめのみなかぬしのかみ》を祀る

るのですね。

もっとも、現代に生きる私たちからすれば、七一七年だって平安時代だって「十分、ものすっごく、古いですよ！」という話です。その時代から、私たちの祖先である日本人が「すごい神様だ」「ありがたい神様だ」と思って、手を合わせ続けてきたからこそ、こうして私たちに伝わっているのですから。

天之御中主神《あめのみなかぬしのかみ》のもうひとつの姿

さて、福島県南相馬市を中心に一二〇〇年にもわたり続いている「相馬野馬追《そうまのうまおい》※10」という祭りをご存じですか？

※9　崇神天皇
十代天皇。二代綏靖天皇から九代開化天皇まで『古事記』『日本書紀』ともに系譜や墓陵の場所が記されるのみ。そのため「欠史八代」と呼ばれ、「実在しないのでは」とも「崇神天皇の王朝が前の王朝を滅ぼした」ともいわれています。この本にもこの先、何度も登場してくる天皇です

※10　相馬野馬追
相馬太田神社、相馬小高神社、相馬中村神社が一体となって行う神事。相馬氏の始祖・平将門が兵の鍛錬のため行ったものが起源。騎馬武者に扮した村民の勇姿、甲冑競馬などの迫力にうっとりです

平成二十三年には、原発被害で開催が危ぶまれたものの、「伝統を途絶えさせてはならない」と祭りを敢行した氏子たちの姿がニュースでも多く紹介されました。

この祭りを行う相馬太田神社、相馬小高神社、相馬中村神社の相馬三妙見社※11の御祭神も、**天之御中主神**《あめのみなかぬしのかみ》なのです。とはいうものの、**天之御中主神**《あめのみなかぬしのかみ》が御祭神とされたのは、明治時代のこと。それまでは、妙見菩薩《みょうけんぼさつ》を信仰していたといわれます。実は、この妙見菩薩が、**天之御中主神**《あめのみなかぬしのかみ》のもうひとつの姿ともいわれているのです。どうしてそうなったのか、少し歴史をたどってみましょう。

『古事記』編纂から、およそ八十年後。留学僧として派遣された、空海《くうかい》※12と最澄《さいちょう》※13という二人の高僧が、留学先の中国より「北極星・北斗七星を神格化する」という信仰を日本へ持ち帰りました。

それが妙見菩薩《みょうけんぼさつ》。通称「妙見様」は、庶民はもちろん、北斗七星の第七星が「破軍星《はぐんせい》」と呼ばれることから、武士の守護神としても篤く信仰されるようになっていきました。

「妙見《みょうけん》様＝**天之御中主神**《あめのみなかぬしのかみ》」と認識されるようになったのは江戸時代のことといわれています。北極星といえば、「天空の中心」。天空はこの星を中心に回転していると、理科の授業で習った覚えはないですか？

そして、「天空の中心」を表す神様といえば、日本では**天之御中主神**《あめのみなかぬしのかみ》。ここか

※11 相馬三妙見社
相馬氏の始祖である平将門が妙見様に帰依したのが起源。戦功により奥州相馬の地を与えられた相馬氏は、鎌倉時代末期の元亨三年（一三三二）に太田に移り、妙見様を氏神として祀りました。小高、中村の築城の際にも妙見様を祀ったため、「相馬三妙見社」といわれます（写真は相馬太田神社）

※12 空海
平安時代初期の高僧。真言宗の開祖として、高野山を開山。仏教界のスーパースター

※13 最澄
天台宗の開祖。空海より七歳年長で、留学時にはすで

ら、「妙見様＝天之御中主神《あめのみなかぬしのかみ》」と認識されることになったのだそうです。

ところが明治になると、神仏の混淆が問題とされ、神仏分離令※14が出されました。元は仏教の信仰対象である妙見様を、神社に祀ることはできなくなったのです。このとき、相馬の三社をはじめ、妙見様を祭神としていた多くの神社が、祭神を天之御中主神《あめのみなかぬしのかみ》に改めたということです。

埼玉県秩父市にある秩父《ちちぶ》神社※15にも、天之御中主神《あめのみなかぬしのかみ》は祀られています。この神社で最も有名な祭りが毎年十二月三日に行われる例大祭。通称「秩父夜祭」。江戸時代の香りを残す街並みの中、美しい装飾を施した屋台が何台も曳かれ

天之御中主神《あめのみなかぬしのかみ》と妙見信仰の関係

時代	年	出来事
奈良時代	和銅五年（七一二）	『古事記』が編纂される
	延暦二四年（八〇五）	最澄帰国
	大同元年（八〇六）	空海帰国
		北極星・北斗七星＝妙見菩薩の信仰を日本に伝える
江戸時代	十七世紀〜十九世紀	天之御中主神《あめのみなかぬしのかみ》と妙見菩薩が同一視されるようになる
明治時代	明治元年（一八六八）	神仏分離令 妙見菩薩を祀っていた神社が天之御中主神《あめのみなかぬしのかみ》を祭神とするようになる

に仏教界に地位を築いていました。それぞれ開祖となってからの二人の関係性は興味深いものがあります。比叡山は最澄が開いた天台宗の総本山です

※14 神仏分離令
明治元年（一八六八）、神道と仏教の区別をはっきりとさせることを狙いとして明治政府が出した法令

※15 秩父神社
十代崇神天皇の御世に、知《ち》知夫《ぶ》彦命《ひこのみこと》が祖先神である八意思兼命《やごころおもいかねのみこと》を祀ったのが起源。毎年十二月に行われる秩父夜祭は日本三大曳山祭のひとつ。美しい山車は夏に行われる川瀬祭にも登場します

ていきます。その様は勇壮にして豪華。夜空には何百発もの花火が打ち上げられ、別世界に迷い込んだような錯覚を覚えます。

寒い冬の夜、凍えながらも見つめずにはいられないこの祭り、江戸時代後期から明治・大正にかけて、現在のようなきらびやかな祭りに変貌する前は、農民たちによる「妙見神事」という物忌《ものい》み精進《しょうじん》※16だったといいます。その流れか、今もこの祭りを「妙見まち」「妙見さんの大市」と呼ぶ人々もいるのだそう。

秩父神社に現在、**天之御中主神**《あめのみなかぬしのかみ》が祀られているのも、相馬の三社と同様、そもそも妙見菩薩《みょうけんぼさつ》を祀っていたからなのですね。

神様と仏様の関係

神様と仏様が一緒かと思えば、分離される？　このあたり、少々わかりづらいかもしれません。少し『古事記』からは離れてしまいますが、日本人の信仰のあり方とも深く関わる問題なので、ここで解説しておきましょう。

神社の中にお寺があったり、お寺の中に祠《ほこら》や鳥居があったりするのは、現代を生きる私たちにとっては少々奇妙な光景に映るのではないでしょうか。

でも明治に入り、神仏分離令が出されるまで、日本人にとってそれはごく普通の景色でした。

※16　物忌み精進
神事に関わる者がその前に心身を清めるため一定期間行うもの

そのはじまりは、空海。彼が高野山を開いた弘仁十年（八一九）に遡ります。空海が高野山内に最初に建てたのが、地元で古くから信仰されていた神様を祀る「御社《みやしろ》」でした。

中国で学んだ真言密教（仏教）を広く一般庶民にまで広めるために「我らをお守りください」と、守護神としての役割を地元の神様に求めたのです。

高野山の麓にあり、地元の神様を祀る古社、丹生都比売《にうつひめ》神社[※17]には今も、高野山で修行中の僧侶たちが「無事、修行を勤められますように」と折々にお参りに訪れています。

時代が下り、「仏が日本の民を救うために、仮に姿を変えて現れたのが神である」という考え方も広まっていきました。「権現《ごんげん》」というのがまさにそれ。「仏が権《か》りに（＝仮に）神として現ずる」という意味なのです。

そして神社には仏教的な要素をもつ「両部《りょうぶ》の社《やしろ》」と、仏教的な要素のない「唯一の社」とができていきました。神仏分離令は、このうちの「両部の社」を禁じるものだったのですね。

もっとも、そんなことはきっと一般庶民には関係なく、神様仏様ご先祖様お天道様……いずれも「ありがたく手を合わせる」対象だったのです。

※17　丹生都比売神社
紀伊山地の標高四五〇m、「神の地」といわれる天野の里に建つ創建一七〇〇年の古社。主祭神の丹生都比《にうつひ》売《め》大神《おおかみ》は天照大御神の妹神と伝わります。高野御子大《たかのみこおお》神《かみ》は空海を高野山へと導いた神とされ、以来、高野山の守り神とされています

伊邪那岐命《いざなきのみこと》と伊邪那美命《いざなみのみこと》の国生み

天上界に最後に現れた伊邪那岐《いざなきの》命《みこと》、伊邪那美命《いざなみのみこと》は、「下界で形もなく漂っているあの国を調え固めよ」という別天《ことあま》つ神《かみ》の命令を受けて、天《あめ》の浮橋《うきはし》へと降りていかれました。

そしてそこから神々に賜った天《あめ》の沼矛《ぬぼこ》を下ろされると、どろどろの海水をかき回されました。引き上げた沼矛からは、塩水がポタポタと滴り落ちていきます。それが積もり積もって、淤能碁呂島《おのごろじま》という島になりました。

日本最古の国土、淤能碁呂島《おのごろじま》はどこ？

『古事記』で「淤能碁呂島《おのごろじま》」と明記されているこの島。淡路島だという説、淡路島の隣にある友ケ島だという説、明石海峡横の岩屋港にある絵島だという説、その他たくさんの説がありますが、沼島《ぬしま》という説が有力なようです。

淡路島の南約四・六kmに浮かぶ沼島は、周囲が十kmほどの小さな島。淡路島南部にある諭鶴羽山《ゆづるはさん》※1からは、その姿をはっきりと望むことができます。

さて、12ページに登場したとき、伊邪那岐命《いざなきのみこと》、伊邪那美命《いざなみのみこと》は「伊邪那岐神《いざなきのかみ》、伊邪那美神《いざなみのかみ》」となっていました。『古事記』の中でなぜ名前が変化したのか、正確な理由はわかりませんが、二柱の神が「国を調え固める」という「使命」を帯びたためともいわれています。

次はいよいよ、伊邪那岐命《いざなきのみこと》と伊邪那美命《いざなみのみこと》が、国を調え固めるために、地へ降りていかれるシーンです。

※1 諭鶴羽山
淡路島南部にある山。山頂には九代開化天皇の御世の創建と伝えられる諭鶴羽神社が鎮座しています

最初の結婚は失敗……

伊邪那岐命《いざなきのみこと》、伊邪那美命《いざなみのみこと》は天の浮橋から、淤能碁呂島に降りられると、天《あめ》の御柱《みはしら》を立て、大きな屋敷を建てられました。

そして伊邪那岐命《いざなきのみこと》は伊邪那美命《いざなみのみこと》に「この天の御柱のまわりをめぐって、結婚しよう」と宣言し、「あなたは天の御柱を右からめぐり、私は左からめぐろう」とおっしゃいました。

それぞれに天の御柱をめぐり、出逢われたとき、伊邪那美命《いざなみのみこと》が先に「なんて、素敵な男性でしょう」と、伊邪那岐命《いざなきのみこと》が「なんて、素敵な女性なんだ」とおっしゃいました。

伊邪那岐命《いざなきのみこと》は「女が先に声をかけたのはよくない」と言われましたが、結婚は成立し、伊邪那美命《いざなみのみこと》は出産されました。

けれども、生まれた子は骨のない水蛭子《ひるこ》だったので、葦船に入れて、海に流されました。次に生まれた淡島も泡のように実態のない子だったので、子供の仲間に入れることはなさいませんでした。

伊邪那岐命《いざなきのみこと》、伊邪那美命《いざなみのみこと》が淤能碁呂島に立てた「天《あめ》の御柱《みはしら》」が、沼島に今も残る上立神岩《かみたちがみいわ》※2だといわれています。

波間から天に向かって鋭い剣が突き出ているかのような姿の上立神岩。何も知らずに通っても、思わずギョッと目を引くその姿はまさに神様の岩です。

沼島の西南部の小高い山の上にはおのころ神社※3があり、伊邪那岐命《いざなきのみこと》、伊邪那美命《いざなみのみこと》が御祭神として祀られています。神社のある山そのものが御神体であり、聖地。振り返れば、静かな漁師町と港の景色が広がり、時が止まったかのような不思議な感覚に包まれます。

※2 上立神岩
沼島東南部の海中から突き出したように立つ奇岩。地元の方は「立神さん」と呼ぶ、沼島のシンボルです。立神さんのもとで見る初日の出は格別な美しさだそう

※3 おのころ神社→P45

島を周遊するとき、今でも沼島では、時計まわり（左まわり）に回ることを「男まわり」、反時計まわり（右まわり）に回ることを「女まわり」といいます。いつの時代からそういわれるようになったのかは定かではありませんが伊邪那岐命《いざなきのみこと》、伊邪那美命《いざなみのみこと》の結婚が由来であるのかもしれません。

この結婚は女性である伊邪那美命《いざなみのみこと》が先に声をかけたことで、当初はうまくいきません。これは中国の儒教による男尊女卑の思想が反映されているといわれていますが、どうでしょう？

ある研究機関が猿山を研究したところ、メス猿が強くなるに従い、オス猿の生殖活動が減少していく傾向が見られたとか。一緒にしていいかはわかりませんが、なんだか肉食女子の増加とともに草食男子が増加した近年の我が国に似ているような……。

男尊女卑を礼賛はしませんが、「大事なところでは一歩引いて、男性を立てる」、そんな気遣いが夫婦をはじめ男女の関係を円滑にし、結果的には女性が幸せになる道なんだよ……と、伊邪那岐命《いざなきのみこと》、伊邪那美命《いざなみのみこと》が教えてくれているような気がしてしまうのは、考えすぎでしょうかね？

ともあれ、別天《ことあま》つ神《かみ》たちに相談し、伊邪那美命《いざなみのみこと》が先に声をかけたのが原因と諭された二柱はこの後結婚をやり直し、次々に日本の国土を生んでいくことになります。

伊邪那美命《いざなみのみこと》の出産ラッシュ

まずは淡路島。それから四国、隠岐島、九州、壱岐島、対馬、佐渡島、そして本州。さらには瀬戸内海に浮かぶ小島……。

日本の国土を生み終えると、続いてたくさんの神々をお生みになりました。

土の神、岩の神、家の神、海の神、川の神、泡の神、波の神、水の神、風の神、木の神、山の神……。

そして最後に、火の神である火之迦具土神《ひのかぐつちのかみ》をお生みになったとき、伊邪那美命《いざなみのみこと》は女陰を大火傷《やけど》なさってしまいました。

瀕死の床では、伊邪那美命《いざなみのみこと》の吐しゃ物や大小便からも神々が生まれました。

こうして十四の島々と三十五柱の神々をお生みになり、伊邪那美命《いざなみのみこと》は黄泉《よみ》の国へと旅立たれました。

「国生み神話」として有名なこのシーン。

四国のことなどが「身ひとつにして面四つ有り」と表現されており、現在の四県・愛媛、香川、徳島、高知が紹介されているのに驚かされます。

別天《ことあま》つ神《かみ》の命令どおり、まず国を調え固めた二柱の神は、次にそこに住む神々を生んでいくのです。家を造り、水路を整え、山に野に木々……。生命が根付き、活動するための環境が整えられていきます。

※4　大山祇神社→P45

※5　三嶋大社→P45

※6　伊勢の神宮→P46

※7　内宮・外宮

伊勢の神宮は、天照大御神をお祀りする内宮と、豊受大御神をお祀りする外宮があります。また「伊勢神宮」ではなく、「伊勢の神

ここで誕生する神様の中に、よく神社でお目にかかる神様がいらっしゃるのですよ。

たとえば海の神・**大綿津見神**《おおわたつみのかみ》、山の神・**大山津見神**《おおやまつみのかみ》。**大山津見神**《おおやまつみのかみ》が主祭神である神社としては、愛媛県の大山祇神社《おおやまづみ》※4、静岡県の三《み》嶋《しま》大社※5が有名ですが、摂末社にお祀りされていることも多い神様。伊勢の神宮※6内宮《ないくう》にも所管社があります。

風の神である**志那津比古神**《しなつひこのかみ》も、伊勢の神宮の内宮・外宮《げくう》※7ともに、別宮の風日祈《かざひのみの》宮《みや》、風宮《かぜのみや》に**級長津彦命**《しなつひこのみこと》としてお祀りされています。鎌倉時代の最大のピンチともいえる元寇《げんこう》※8のとき、この神様が神風を吹かせて日本を救ったとされ、末社から別宮に昇格したのだそうです。

伊邪那美命《いざなみのみこと》の吐しゃ物や大小便からも、全国に祀られている神様が生まれました。吐しゃ物から生まれたとされる**金山毘古神**《かなやまひこのかみ》は、鉱山、製鉄、鋳物などの金属とそれに関する技工を守護する神様です。岐阜県の南宮《なんぐう》大社※9の他、全国に金山神社として祀られています。

南宮大社で毎年十一月に行われる金山大祭は「ふいごまつり」とも呼ばれ、刀匠によって古式ゆかしい刀の鍛錬式《たんれんしき》が奉仕されます。

刀鍛冶や刀匠にとっての最大の守り神である**金山毘古神**《かなやまひこのかみ》。私たちにとっては毎日、おいしい料理を作るのに必要不可欠な包丁の神様というところでしょうか。

宮」が正式名称。本来、「神宮」とは伊勢を指すもので、他にはなかったのです。時代が下り、石上神宮、鹿島神宮、香取神宮などが誕生したため、「伊勢の」とつけるようになりました

※8　元寇
鎌倉時代中期、日本に攻めてきた元（モンゴル帝国）との戦いのこと。大船団が二度、九州北部に侵攻してきましたが、二度とも神風（暴風雨）によって壊滅的な被害を受け敗走したと伝えられています

※9　南宮大社
金山彦命が初代神武天皇の東征の折の功をもって祀られたのを、十代崇神天皇の御世に現在地に遷座。関が原の戦いで焼失したため、現在の社殿は徳川三代将軍・家光が再建したもの。十七世紀神社建築の最高峰とも讃えられています。美濃国一宮です

伊勢の神宮めぐり

**何度訪れても「日本人でよかった」という気分にしてくれる伊勢の神宮。
125社もの大所帯で構成されているのをご存じですか?**

皇室の御祖先の神であり、日本人の総氏神とされている天照大御神《あまてらすおおみかみ》を祀る内宮（皇大神宮）。内宮の御鎮座から約500年後、天照大御神の食物の守護神として丹後の国から迎えられた豊受大御神《とようけのおおみかみ》をお祀りする外宮（豊受大神宮）。伊勢の神宮はこの内宮・外宮を中心に、別宮14社、摂社43社、末社24社、所管社42社の全125社で構成されています。

数が多いだけに、御鎮座するエリアも、内宮・外宮の宮域から伊勢市内、鳥羽市・松阪市などの伊勢市近郊までと実は幅広いのです。

別宮は、天照大御神・豊受大御神と関わりの深い神様が祀られ、皇大神宮・豊受大神宮に次いで格が高いとされています。

摂社・末社は、①皇大神宮が御鎮座する前から伊勢地方を守ってきた神々を祀る宮　②天照大御神が御鎮座するのにふさわしい地を求めて、大和から伊勢まで旅をされた皇女・倭姫命《やまとひめのみこと》がその途中で定められた宮　③豊受大神宮の御鎮座により定められた宮、と由来から大きくこの3つに分けられます。いずれも1000年以上の歴史をもつ古社となります。

所管社は他ではあまり聞かれない言葉ですが、1年間でなんと1500を超えるといわれる伊勢の神宮の神事祭事を支える宮です。それら神事祭事はすべて、神様に感謝し、国家の繁栄と国民の幸福を祈るためのもの。ありがたくて、私欲にまみれたお願いごとなど、する気も失せる……というものです。

また内宮・外宮をお参りする際は外宮→内宮の順に。JR伊勢市駅併設のレンタサイクルを利用すると、周辺の別宮なども効率よくまわれてオススメです。車だと見落としがちな摂社・末社も自転車なら気づくことができます。中には案内板などもなく、「なんだか気になる……」と思って入っていくと、摂社であることも。そういう場合、御社殿も小さなものが多いのですが、他にお参りする人もなく、聖なる空気を独り占め。神様に特別にお招きいただいたような、ありがたい気持ちになります。タクシーで目当ての宮にだけ乗りつける。そんなご参拝からは卒業して、自分だけの大切な宮を見つけてみませんか？

第二章

黄泉の国

迦具土神《かぐつちのかみ》

伊邪那岐命《いざなきのみこと》は「いとおしい我が妻を火の神の誕生と引き換えにしてしまった」と嘆かれ、伊邪那美神《いざなみのかみ》が横たわる枕辺、足元に這いつくばって泣き叫ばれました。

その涙から誕生した神は、香山の畝尾《うねお》の木の本に鎮まり、泣澤女《なきさわめの》神《かみ》と名づけられています。

伊邪那岐命《いざなきのみこと》は伊邪那美神《いざなみのかみ》を出雲《いづも》国と伯伎《ほおき》国との境の比婆《ひば》の山に葬られました。

そして伊邪那岐命《いざなきのみこと》は腰に帯びていた十拳剣《とつかのつるぎ》を抜くと、迦具土神《かぐつちのかみ》の頸《くび》を斬っておしまいになりました。

伊邪那美神《いざなみのかみ》の死と新たな神々の誕生

伊邪那岐命《いざなきのみこと》の伊邪那美神《いざなみのかみ》（ここで伊邪那美神は「命」ではなく、また「神」に戻っています）への愛情の深さが伝えられるこの段。

泣き叫ぶだけでは足りず、伊邪那岐命《いざなきのみこと》は迦具土神《かぐつちのかみ》の頸を斬ってしまいます。そして、その剣から飛び散った血から、たくさんの神々が誕生するのです。

剣のつばから辺りの岩に飛び散った血からは建御雷之男神《たけみかづちのおのかみ》が誕生しました。名前から伝わるとおり、猛々しい雷の男神です。後にすごい役目で登場してくることになるので、頭の片隅にでも入れておいてください。

剣の柄を握る指の間から滴り落ちた血からは、闇淤加美神《くらおかみのかみ》と闇御津羽神《くらみつはのかみ》が誕生しました。

「クラ」という音は峡谷を表し、「オカミ」は水を司る龍、「ミツハ」は出はじめの水を表すのだそうで、天から降り注ぐ雨や山深い森から湧き出した水がやがてひと筋の川となり、峡谷を流れ落ち、村々を潤していく様が想像されます。

闇淤加美神《くらおかみのかみ》は京都・貴船に鎮座する貴船《きふね》神社[※1]などに祀られ、古く祈雨・止雨の神とされています。

貴船神社の摂社である結社《ゆいのやしろ》には、その昔、夫の心変わりを憂いた和泉式部《いずみしきぶ》[※2]が参拝し願ったところ、夫婦仲が元に戻ったという逸話が残されているため、今

※1　貴船神社→P46
※2　和泉式部
平安時代中期の歌人。二度の結婚、親王たちとの恋など、恋多き女性として知られます

では恋愛成就の神様として女性の参拝客が多く訪れています。

こうして迦具土神《かぐつちのかみ》の首を斬った剣から生まれた神様は全部で八柱。迦具土神《かぐつちのかみ》の体からも八柱の山の神が誕生しました。

台所と秋葉原の神様、迦具土神《かぐつちのかみ》

母神の死の原因となり、自らも父神によって斬られてしまうという悲運の御子神、迦具土神《かぐつちのかみ》ですが、神様としては現在もメジャー級の活躍をしています。

台所に「秋葉大権現」という御札が貼られているのを見たことはありませんか？　それは迦具土神《かぐつちのかみ》のこと。火の神様として、秋葉山本宮秋葉神社《あきはさんほんぐうあきは》※3（静岡県）に祀られた迦具土神は、武田信玄や徳川家康など名だたる武将からの崇敬を受け、江戸時代には「火防の神《ひぶせ》」※4として庶民の間にも信仰が広がりました。その人気ぶりは「秋葉詣」と称し、全国から参詣者が押し寄せるほど。

日本一の電気街（今はオタクの街？　ＡＫＢ48の聖地？）として全世界にその名を轟かせている東京・秋葉原。この地名の元になったのも、実は迦具土神《かぐつちのかみ》の秋葉神社なのです。

明治二年（一八六九）の大火災を受け、明治天皇が皇居内に祀られていた火防の神を現在のＪＲ秋葉原駅構内にあたる地に祀ったことがはじまり。

※3　秋葉山本宮秋葉神社
創祀は和銅二年（七〇九）。標高八六六ｍの秋葉山山頂に鎮座しています。全国の秋葉神社の総本山。毎年十二月に行われる火まつりは厳しい寒さも吹き飛ぶ勇壮さです

※4　火防の神
火事から家を守ってくれる神様。市中を焼き尽くすような大火事が何度も起こった江戸時代、庶民は火防の神を頼りにしたのです

庶民にとっては「火防の神＝秋葉さん」だったようで、誰からともなく「秋葉さん」、火除け地として確保された空き地を「秋葉《あきば》っ原《ぱら》」と呼ぶようになり、それが地名となったといわれています。

伊邪那美神《いざなみのかみ》が葬られた地

一方、迦具土神《かぐつちのかみ》の母神である伊邪那美神《いざなみのかみ》は、その後どうなったのでしょう。『古事記』では、伊邪那美神《いざなみのかみ》が葬られた地を「出雲《いづも》国と伯伎《ほおき》国との境の比婆《ひば》の山」と記しています。

出雲国は現在の島根県東部、伯伎国は鳥取県中西部となります。比婆の山はというと、島根県安来《やすぎ》市にある比婆山と、島根県との県境から程近い広島県の比婆山があり、どちらも「伊邪那美神《いざなみのかみ》が祀られている」と伝えられています。

まずは、島根県安来市の比婆山。そこに鎮座する比婆山久米《ひばやまくめ》神社※5の奥宮には、伊邪那美《いざなみ》神《かみ》の陵墓と伝わる、小さな墳墓が残されています。

✣二つの比婆山

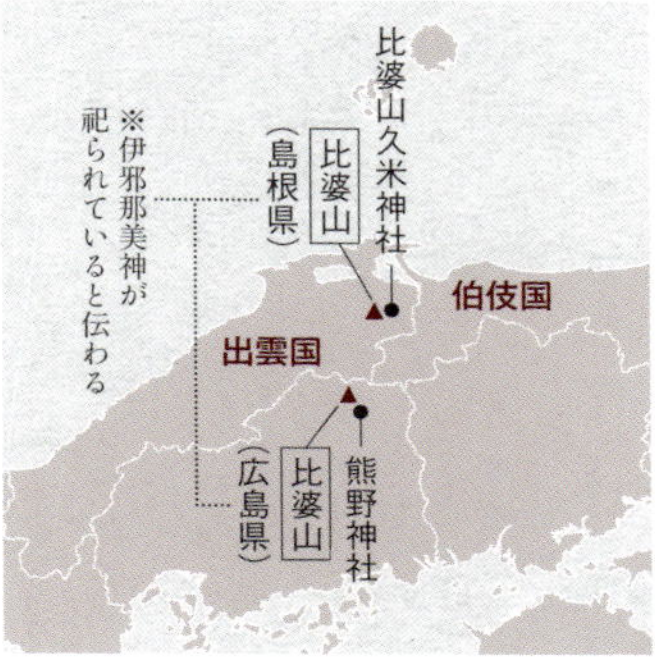

※5 比婆山久米神社
創祀年代不詳の古社。安産、子授け、子育ての神として信仰されています

一方、広島県の比婆山の山頂には、伊邪那美神《いざなみのかみ》の陵墓と伝わる巨石が。「比婆山御陵」と呼ばれ、比婆山自体が「聖なる山」とされてきました。麓にある熊野神社※6は比婆山御陵の遥拝所として、今も信仰を集めています。

ここで少々気になるのが、島根県の比婆山久米神社奥宮も古い文献の中では「熊野神社」と記されていること。

「熊野」といえば、世界遺産にもなった熊野古道※7。実はそちらの熊野にも、伊《い》邪那美神《ざなみのかみ》の陵墓があるのです。

『日本書紀』※8の一書には、亡くなった伊邪那美神《いざなみのかみ》を「紀伊国の熊野の有馬村に葬った」と記されており、その記述のとおり、現在の三重県熊野市にある花《はな》の窟《いわや》神社が伊邪那美神《いざなみのかみ》の神陵であると伝えられています。

✣熊野

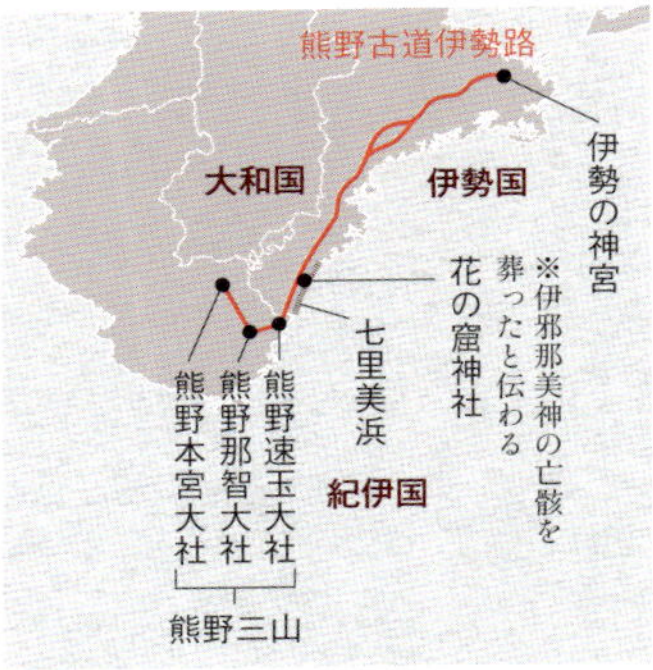

三重県熊野市から和歌山県新宮市にいたる「日本一長い海岸」である七里御浜《しちりみはま》。左手に美しい海を眺めながらドライブしていくと、右手に突如、巨大な岩山が現れます。それが花《はな》の窟《いわや》神社※9。巨大な岩山は伊邪那美神《いざなみのかみ》の亡骸を葬ったと伝わる窟であり、御神体でもあります。

近くの海岸には、獅子が海に向かって吼え

※6　熊野神社
創祀年代不詳。社伝には和銅六年（七一三）まで、比婆大神社と称していたことが記されています

※7　熊野古道
世界遺産に認定されたのは、正式には『紀伊山地の霊場と参詣道』。和歌山、奈良、三重県にまたがる認定地域には、高野山、吉野・大峯、熊野三山という三つの代表的な霊場があり、すべて参詣道で結ばれています。その参詣道がいわゆる「熊野古道」なのです

※8　日本書紀
養老四年（七二〇）に完成した日本最古の正史。ひとつの神話に対し、「一書に曰く」の形式でさまざまな説が併記されているのが特徴。『古事記』の記述と重なる部分も多くあります

※9　花の窟神社→P46

ているような形をした獅子岩《ししいわ》という巨岩もあるのですが、存在感という点では花の窟神社の巨岩とはくらべものになりません。なんというか、ただ大きいだけの巨岩、形が変わっているだけの奇岩ではない、「御神体」ならではの存在感なのかなあと思います。

　花の窟神社がある熊野古道は「伊勢路《いせじ》」と呼ばれ、伊勢の神宮と結ばれています。江戸時代、お伊勢参りをした江戸っ子たちの中にはそのまま、熊野三山をめぐり、大阪へと出て西国三十三所巡礼※10をし、さらに信濃の善光寺までめぐって、江戸に戻る……なんてツワモノもいたそう。

　実は、出雲と熊野にはこの他にも、地名や神社名、神事などに神多くの共通点があるのですが、それは後の章で紹介していきますね。

　最後に、伊邪那岐命《いざなきのみこと》の涙から生まれた泣澤女神《なきさわめのかみ》について、少しだけ紹介しておきましょう。

泣澤女神《なきさわめのかみ》は奈良県橿原《かしはら》市の畝尾都多本《うねおつたもと》神社※11に祀られています。「哭澤《なきさわ》の神社《もり》」とも呼ばれるこの神社は小さくひっそりとしていて、「泣きたいときは泣いてもいいんだよ」と言ってくれているような、やさしい空気に包まれています。

※10　西国三十三所巡礼
奈良時代、病で生死の境をさ迷った徳道上人に閻魔大王が「三十三の霊場を開き、人々に巡礼をすすめよ」と告げたことが起源とされます。熊野那智大社にある青岸渡寺を第一寺に、京都、大阪を中心に三十三カ寺をめぐります

※11　畝尾都多本神社
『万葉集』（奈良時代）にも歌われている古社。拝殿後ろの玉垣内には空井戸が御神体として祀られています

二 黄泉の国

伊邪那岐命《いざなきのみこと》は伊邪那美命《いざなみのみこと》を追いかけて、黄泉《よみ》の国へ行かれました。

閉ざされた入り口の向こうで、伊邪那美命《いざなみのみこと》は「黄泉神《よもつかみ》と相談するので、その間、私を見ないでください」とお答えになりました。

伊邪那美命《いざなみのみこと》が奥へ行かれたきり、なかなかお戻りにならないので、待ちかねた伊邪那岐命《いざなきのみこと》は髪に挿した櫛《くし》を抜き、その太い歯を折って火を灯し、中をのぞかれました。

すると、伊邪那美命《いざなみのみこと》の体中には蛆がたかりコロコロと音をさせ、全身には、あわせて八柱もの雷神が成っていたのです。

「見るな」という禁忌

我が子・迦具土神《かぐつちのかみ》を斬った伊邪那岐命《いざなきのみこと》は伊邪那美命《いざなみのみこと》（ここではまた名前が「命《みこと》」に戻っています。名前がとってもややこしいのが『古事記』なのです……）に会うために、黄泉の国へ追いかけていきます。

黄泉の国の者になってしまったものの、「愛しいあなたが迎えにきてくれたのだから帰りたい」という伊邪那美命《いざなみのみこと》でしたが、その姿は恐ろしい姿に変わり果てていました。それを目の当たりにした伊邪那岐命《いざなきのみこと》は慌てて逃げ出すのです。伊邪那美命《いざなみのみこと》は「私に恥をかかせたな！」と、黄泉醜女《よもつしこめ》という、いかにも怖そうな集団に伊邪那岐命《いざなきのみこと》を追わせます。

「してはならない」という約束を破ったがために悲劇へ転じるという話。よく聞くパターンではないですか？　昔話の『鶴の恩返し』をはじめ、浦島太郎の玉手箱、旧約聖書やギリシア神話[※1]にも似たパターンは多く登場します。「禁忌を犯すとろくなことにならない」という教訓は日本人だけでなく、全人類共通ということなのでしょうね。そして、こんな大昔から戒められているにもかかわらず、そのタブーを犯し続けているのが人間……なのかもしれません。

※1 ギリシア神話
アポロンの息子、オルフェウスは亡き妻・エウリュディケを追って、黄泉の国へ。支配者ハデスとの「地上に帰り着くまで妻を決して見るな」という約束を破ったため、妻は再び黄泉の国へと吸い込まれていってしまうのです

伊邪那岐命《いざなきのみこと》を助けた果物とは？

伊邪那岐命《いざなきのみこと》が追いかけてくる黄泉醜女《よもつしこめ》に髪飾りの蔓草を投げると、ぶどうの実がなり、櫛《くし》を投げると筍《たけのこ》がなり、黄泉醜女がそれを食べている間に伊邪那岐命《いざなきのみこと》は必死に逃げます。

名前のわりに頼りにならない黄泉醜女に見切りをつけ、伊邪那美命《いざなみのみこと》は自分の体から誕生した八柱の雷神に大勢の黄泉の国の兵をつけて、追いかけさせました。

伊邪那岐命《いざなきのみこと》は剣を後ろ手に振り回しながら逃げ、黄泉の国と自分の国である葦原中国《あしはらのなかつくに》との境にある黄泉比良坂《よもつひらさか》にたどり着きます。

そこに生えていた桃の木から桃の実を三つ取り、雷神たちに向かって投げつけると、雷神たちは逃げ帰ってしまいました。

この桃に伊邪那岐命《いざなきのみこと》は「私を助けたように、この国の人が苦しい目に遭って思い悩むときには助けてやってくれよ」と言い、「意富加牟豆美命《おほかむずみのみこと》」という名前を与えたと『古事記』は伝えます。

意富加牟豆美命《おほかむずみのみこと》は「桃の神様」ということで、愛知県犬山市にある桃太郎神社[※2]などに祀られている一方、「桃ではなく、梅なのではないか？」という説もあります。

※2 桃太郎神社
飛騨木曽川国定公園内に昭和五年（一九三〇）に遷座。

当時の桃は現在、私たちが口にしている桃とは違い、プラムのような小さなものだったとか。中国では桃を不老長寿の果実、仙人の食べる仙果としますが、日本ではむしろ梅が保存食として、また万能薬として古くから重宝がられてきました。たしかに梅のほうが伊邪那岐命《いざなきのみこと》の言いつけを守っているような……？

どちらにせよ困った問題を追い払ってくれる神様として祀られています。


伊邪那岐神を助けた桃の神がその後、桃太郎として生まれ変わったという伝説を伝えています

伊邪那岐命《いざなきのみこと》と伊邪那美命《いざなみのみこと》は喧嘩別れ？

最後に伊邪那美命《いざなみのみこと》自身が追いかけてこられました。

伊邪那岐命《いざなきのみこと》は黄泉比良坂《よもつひらさか》に千人がかりでないと動かせないような大きな岩を引いてきてお塞ぎになると、岩を隔てて、伊邪那美命《いざなみのみこと》と絶縁の言葉を言い合われました。

伊邪那美命《いざなみのみこと》が「愛しい我が夫、このようなことなら、あなたの国の人々を一日に千人くびり殺しましょう」とおっしゃると、伊邪那岐命《いざなきのみこと》は「愛しい我が妻よ、お前がそのようにするのなら、私は一日に千五百の産屋《うぶや》を立てよう」とお答えになりました。

これをもって、この国では一日に必ず千人が死に、一日に必ず千五百人が生まれることになったのです。


少子化の現代においては、生まれてくる人よりも死んでいく人のほうが多い

ようで、伊邪那岐命《いざなきのみこと》の決意もくじけてしまったかのようですが、仲良し夫婦の最後がこのような決別というのは、なんだか寂しい気がしてしまいます。

『日本書紀』の一書には、このとき菊理媛神《くくりひめのかみ》という女神がいらっしゃって、伊邪那岐命《いざなきのみこと》に何かを申し上げると、伊邪那岐命《いざなきのみこと》は納得され、この諍《いさか》いをおやめになられたと書かれています。

菊理媛神《くくりひめのかみ》が何を申し上げたかはわからないのですが、喧嘩別れしてしまった『古事記』の記述よりも、ここは『日本書紀』における菊理媛神《くくりひめのかみ》の活躍を信じたいところですね。

この女神は「和合の神」「縁結びの神」として石川県の霊峰・白山《はくさん》※3に鎮座する白山比咩《しらやまひめ》神社※4に祀られています。

伊邪那岐命《いざなきのみこと》と伊邪那美命《いざなみのみこと》が別れた黄泉の国との境にあるという黄泉比良坂《よもつひらさか》について、『古事記』は「今、出雲国の伊賦夜《いふや》坂と謂ふ」と記します。

記述のとおり、現在の島根県松江市東出雲町には「黄泉比良坂である」とされる地があり、その近くに伊邪那美命《いざなみのみこと》を主祭神とする揖夜《いや》神社※5があります。出雲地方でも「最も古い」とされる古社で、古書には「伊布夜社《いふやのやしろ》」「言屋社《いふやのやしろ》」と記されています。

また、出雲大社の近くには「黄泉の穴」（黄泉の国への入り口）といわれる猪《いな》目《め》洞窟※6があります。出雲国にはなんだか「黄泉の国」のイメージがつきまとうの

※3 白山
白山は白山比咩神社の神体山でもあります。そこから湧き出る水は清く、延命長寿のご利益があるとも。麓には「萬歳楽」「菊姫」「天狗舞」など、日本酒好きにはたまらない名酒を醸《かも》す蔵元が多いのも大いに納得です

※4 白山比咩神社→P47

※5 揖夜神社→P47

※6 猪目洞窟
島根県平田市猪目の海岸で、昭和二十三年（一九四八）

ですね。それがどうしてなのかは、後の章で詳しくお話しいたしましょう。

「穢《けが》れ」を清める「禊《みそ》ぎ」の考え方

伊邪那岐命《いざなきのみこと》は「私は見るも醜悪な穢《けが》れた国に行ってしまった。体を清めなければならない」とおっしゃって、竺紫《つくし》の日向《ひむか》の橘の小門《おど》の阿波岐《あはぎ》原で禊《みそ》ぎをされたと、『古事記』は記します。

伊邪那岐命《いざなきのみこと》が身につけていた衣服を脱いで投げ捨てるたびに、またたくさんの神様が誕生しています。といっても、疫病神やたたり神がいるのが、これまでとちょっと違うところです。

穢れたところにいると、衣服にも災いが取りついてくるという考え方。現代でもお葬式から帰ってくると、塩をまいてお清めをしますが、そのはじまりがこの伊邪那岐命《いざなきのみこと》の禊ぎなのですね。

こうして衣服を脱いだ伊邪那岐命《いざなきのみこと》は海に入って禊ぎをします。現代も神社にお参りをする前には手水舎で手と口を清めますが、その昔は川や海に入り、体まるごと清めたのです。

前章にも登場しましたが、世界遺産の熊野三山《くまのさんざん》。平安時代には「熊野御幸《ごこう》」と称して、京の都から歴代天皇が足繁く通ったことが記録に残されています。

に発見されました。洞窟内からは十二体の人骨や骨角器が見つかり、棺代わりなのか、古代の船の廃材で覆ってあったといわれます

その道中記を見ると、海や川に行き当たるたび、その中に入って禊ぎを行っているのです。天皇や貴族が海で水浴びって、ちょっとすごい光景ですが、神様の前には身分なんてものは関係なく、みな「穢れし者」。神様に詣でるためにはその穢れを祓わなければならない。それが当然のこととして行われていたのですね。

その目的地でもある熊野本宮大社。※7 現在は小高い山の上にありますが、元は川の中州に鎮座《ちんざ》されていました。そう、参拝者は川に浸かって、ザブザブ歩いて渡らないと参拝できないシステム。禊ぎと参拝が容赦なく一セットになっていたのですね。

伊邪那岐命《いざなきのみこと》の禊《みそ》ぎから生まれる神々

海に入って禊《みそ》ぎをした伊邪那岐命《いざなきのみこと》からもたくさんの神様が誕生します。

八十禍津日神《やそまがつひのかみ》、大禍津日神《おおまがつひのかみ》という災いを招く神様が誕生した次には、神直毘神《かむなおびのかみ》、大直毘神《おおなおびのかみ》、伊豆能売神《いずのめのかみ》という三柱が誕生しました。

神直毘神《かむなおびのかみ》、大直毘神《おおなおびのかみ》は、災いを祓い元に直す神様。鳥取県八頭郡の伊蘇乃佐只《いそのさき》神社※8に主祭神として祀られている他、多くの神社の摂社に祀られています。

鳥居を入ってすぐのところに「祓戸《はらえど》神社」という摂社をもつ神社は多いので

※7 熊野本宮大社→P47

※8 伊蘇乃佐只神社
創祀年代不詳。主祭神である神直毘神と大直毘神は浅崎の瀬に出現した神とされ、「浅崎大明神」とも呼ばれていました

※9 海人族
航海技術に優れ、稲作や製鉄など新しい技術や文化を日本にもたらしました。中でも安曇氏は有力氏族。伊豆の熱海や信州安曇野など全国各地の地名にその名が残されていることからも、航海技術を駆使した活動範囲の広さがわかります

※10 海神社
海路、暴風雨に襲われた神

すが、そこに祀られている神様はほぼこの神直毘神《かむなおびのかみ》、大直毘神《おおなおびのかみ》なのですよ。

続いて、伊邪那岐命《いざなきのみこと》は海の底、中くらいのところ、上のほうと、体を三回すすぐのですが、それぞれの場所で二柱の神様が誕生しています。

底で生まれたのは、底津綿津見神《そこつわたつみのかみ》、底筒之男命《そこつつのおのみこと》、中くらいのところで生まれたのは、中津綿津見神《なかつわたつみのかみ》、中筒之男命《なかつつのおのみこと》、上のほうで生まれたのは、上津綿津見神《うわつわたつみのかみ》、上筒之男命《うわつつのおのみこと》です。

この、「綿津見神《わたつみのかみ》」という名前の響きに覚えはないですか？　伊邪那岐命《いざなきのみこと》と伊邪那美命《いざなみのみこと》の「国生み」で誕生した海の神様、大綿津見神《おおわたつみのかみ》と同じ名前です。

伊邪那岐命《いざなきのみこと》の禊ぎで生まれた底津綿津見神《そこつわたつみのかみ》、中津綿津見神《なかつわたつみのかみ》、上津綿津見神《うわつわたつみのかみ》の三柱も「海の神」として、安曇《あずみ》氏という海人《あま》族※9が大切にお祀りした神様であると『古事記』は記しています。

三柱は日本各地の海《わたつみ》神社※10や、安曇氏の本拠地であったとされる福岡県の志賀《しかの》島《しま》にある志賀海《しかのうみ》神社※11に祀られています。

志賀島といえば、現在は福岡と地続きになっていますが、もとは独立したひとつの島であり、島全体が神域とされていました。

そんな聖なる島を世俗とつないでしまったのが、長年の砂の堆積によってできた「海の中道」。発見された金印※12にちなむ「金印公園」や、お隣には「マリンワールド海の中道」などがあり、若干観光地化されはしましたが、聖なる島を

功皇后（十四代仲哀天皇の后）が綿津見三神に祈願し、都へ無事帰れたことから社殿が創建されたと伝わります。航海安全、漁業繁栄の神様です

※11　志賀海神社
創祀年代不詳ですが、十二代景行天皇が詣でたという記録も残る古社。もとは同じ志賀島内の勝馬に表津宮・中津宮・沖津宮の三社で祀られていたものを底津綿津見神が祀られている表津宮を現在地に遷座、残る二柱を奉祀されたと伝わります。堂々たる楼門など、後の歴代筑前藩領主の崇敬の篤さを物語っています

※12　金印
江戸時代中期、志賀島の農民が田んぼの中から発見したとされます。「漢倭奴国王」との文字が刻まれていて、中国の後漢王朝の初代皇帝である光武帝から日本の奴国の王に贈られたものと考えられています

体感できる、貴重な場所といえるかもしれません。

同様に誕生した、底筒之男命《そこつつのおのみこと》・中筒之男命《なかつつのおのみこと》・上筒之男命《うわつつのおのみこと》の三柱もやはり海の神様。「住吉三神《すみよしさんじん》」と呼ばれ、全国の住吉神社に祀られています。

二千社あまりにもなるという、その総本社となるのが大阪にある住吉大社※13。地元では「すみよっさん」の呼び名で親しまれ、初詣には毎年二百万人もの人出があるといいます。

拝殿の三社が縦に並んでいて「奥から参拝しなくてはならない」という引っ掛け（?）があったり、伊勢の神宮の遥拝所では鏡かと思えば穴が開いているだけのトリック（!?）があったり。

とかく、大阪らしいサービス精神にあふれていて、お参りするだけでなんだか元気になってしまう神社です。

伊邪那岐命《いざなきのみこと》の禊《みそ》ぎルートの謎

さて、禊《みそ》ぎをしたと伝えられている「筑紫《つくし》の日向《ひむか》の橘の小門《おど》の阿波岐原《あはきはら》」。ここまで地名が詳細に記されているにもかかわらず、現在は「どこだかわからない」ことになっています。専門家の見解としては「福岡、宮崎周辺の朝日が当たる清らかな海岸である」との説が有力。

※13　住吉大社→P48

先にご紹介した志賀島《しかのしま》。その一番北側の勝馬《かつま》という浜は「御手洗《みたらし》」「小戸《おど》」とも呼ばれ、「伊邪那岐命《いざなきのみこと》が禊ぎを行った場所」と伝えられています。

この勝馬から程近い小島にある小さな社、沖津宮《おきつぐう》には、天之御中主神《あめのみなかぬしのかみ》と底津《そこつ》綿津見神《わたつみのかみ》が祀られています。目と鼻の先にありながら渡ることができないこの島、大潮の日だけ勝馬との間に道ができ、歩いて渡れるのです。いつまでも眺めていたくなるような清らかな美しい浜辺です。

それにしても、禊ぎをするためになぜ出雲から、わざわざ九州にまで行かなくてはならなかったのか？　九州のこの周辺は、この後の神話における重要な舞台のひとつであるからという説がありますが、真相はハテナです。

しかも伊邪那岐命《いざなきのみこと》は道中、穢《けが》れた衣服などを脱ぎ捨てながら向かっているのですよ。穢れを落とされた（と思われる）土地としては、たまったものではありません。ただ、そこで生まれた神様は陸路や海路に関する神様が多く、伊邪那岐命《いざなきのみこと》の禊ぎの旅を暗示しているとも考えられています。

伊邪那岐命の禊ぎ

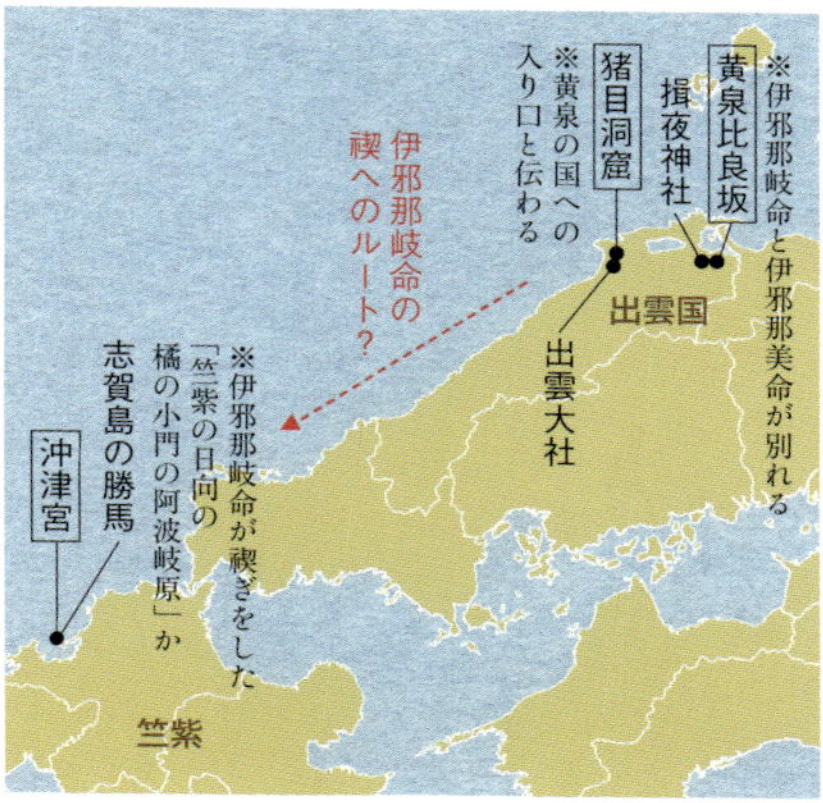

神話めぐりの旅の手帖………… 1

世界のはじまりと日本という国の誕生。
生と死、そして再生をめぐる
神話の世界の最奥へ……。
伊邪那岐神と伊邪那美神に
思いを馳せながら
その足跡をたどりました。

伊弉諾神宮《いざなぎじんぐう》

▼▼▼ P14

伊弉諾大神がお隠れになった後、余生を過ごされた幽宮《かくりのみや》の跡を神陵として創祀されたと伝わります。神話の舞台、淡路島を体感できる神社です。淡路国一宮。

◉［主祭神］伊弉諾大神《いざなぎのおおかみ》、伊弉冉大神《いざなみのおおかみ》 🏠兵庫県淡路市多賀740 ☎0799・80・5001 津名一宮ICより車5分

現在、本殿が建つ場所はかつて神陵であった場所。神代から禁足地とされてきた聖地です

玉置神社《たまきじんじゃ》

▼▼▼ P14

本殿。このさらに上にある玉石社にもぜひお参りを

日本一大きな村・十津川村にある標高一〇七六mの玉置山の山頂近くに鎮座。創建は十代崇神天皇の御世と伝わります。駐車場に立つと、眼下に広がるのはまるで天上界のような景色。そこから本殿へと登っていく山道は苔むした巨杉群などに包まれ、一歩ごとに空気が清らかになっていくのが感じられる空間です。

◉［主祭神］国常立尊《くにとこたちのみこと》、伊弉諾尊、伊弉冉尊、天照大御神、神日本磐余彦尊《かむやまといわれひこのみこと》 🏠奈良県吉野郡十津川村玉置川1 ☎0746・64・0500 十津川温泉より車35分

おのころ神社

P22

淡路島南部にある諭鶴羽山から見た沼島。島の周囲十kmという小さな島ですが、勾玉のような、神秘的な形をしています

寛政年間（一七八九～一八〇一）、沼島に創建。鎮座する山そのものが神体山であり、長く社殿もなかったといいます。おのころ島のシンボルとして信仰されています。

◉［主祭神］伊弉諾神、伊弉冉神　🏠兵庫県南あわじ市沼島73　☎0799・52・2336　沼島汽船発着場より徒歩10分

大山祇《おおやまづみ》神社

P24

全国一万一千余りの分社をもつ大山祇神社の総本社。瀬戸内海に浮かぶ芸予諸島の大三島《おおみしま》に鎮座しています。創祀は神話時代、奈良時代初頭には社殿が造営されていたという古社。国の天然記念物である楠群に覆われた境内からもその歴史が感じられます。伊予国一宮。

◉［御祭神］大山積神　🏠愛媛県今治市大三島町宮浦3327　☎0897・82・0032　宮浦港より徒歩10分

拝殿と本殿は室町時代の再建。重要文化財に指定されています。伊予水軍はじめ多くの武将の崇敬を集めた古社らしく、宝物館には国宝を含む数多くの甲冑や武具が展示されています

三嶋《みしま》大社

P24

伊豆配流中の源頼朝が源氏再興を祈願。国宝「梅蒔絵手箱」が妻・政子の奉納と伝わる他、夫婦とのゆかりの深さがあちこちに感じられます

奈良時代の古書にすでに記録の残る古社。江戸時代末期再建の社殿に施された彫刻の素晴らしさはつとに有名。拝殿正面の「天の岩戸開きの図」など必見です。伊豆国一宮。

◉［主祭神］大山祇命《おおやまつみのみこと》、積羽八重事代主神《つみはやえことしろぬしのかみ》　🏠静岡県三島市大宮町2-1-5　☎055・975・0172　JR東海道新幹線・東海道本線三島駅より徒歩13分

伊勢《いせ》の神宮《じんぐう》

▼▼▼ P24

日本人の総氏神であり、日本全国の神社の中心的存在。内宮と外宮を中心に、百二十五社から成っています。平成二十五年は二十年に一度行われる式年遷宮の年です。

◉三重県伊勢市宇治館町1 ☎0596・24・1111（神宮司庁）
内宮［主祭神］天照大御神 近鉄宇治山田駅よりバス15分
外宮［主祭神］豊受大御神 近鉄・JR伊勢市駅より徒歩5分

内宮へと導く宇治橋も二十年に一度、新しく架け替えられます。冬至の前後は宇治橋入口にかかる鳥居の中心から日が昇ります

貴船《きふね》神社

▼▼▼ P29

祈雨のときは黒馬、止雨のときは白馬か赤馬が歴代天皇より奉納されていました。それがいつしか馬形の板に彩色したものになり、「絵馬発祥の社」ともいわれます

祈雨・止雨の神様ですが、末社の結社は平安時代から恋愛の神様として絶大なる信仰を集めています。参拝は本宮→奥宮→結社の順で行う「三社詣で」がおすすめ。貴船川の上流に鎮座し、いつ訪れても、しっとりとした情緒あふれる神社です。

◉［主祭神］高龗神《たかおかみのかみ》（闇龗神《くらおかみのかみ》と同じ神とされる）🏠京都府京都市左京区鞍馬貴船町180 ☎075・741・2016 叡山電車貴船口駅よりバス5分

花の窟《いわや》神社

▼▼▼ P32

古来、社殿はなく、伊弉冉尊《いざなみのみこと》が葬られたと伝わる巨岩が御神体です。毎年二月、十月に行われる「御縄掛け神事」では高さ四十五mにもなる御神体と松の御神木の間に大綱を渡し、氏子が華やかに舞い踊ります。

◉［主祭神］伊弉冉尊、軻遇突智尊《かぐつちのみこと》 🏠三重県熊野市有馬町上地130 ☎0597・89・0100 JR紀勢本線熊野市駅よりバス5分

御神体の巨岩に向かい合うようにして、軻遇突智尊も祀られています

白山《しらやま》比《ひ》咩《め》神社

P38

全国三千余社の白山神社の総本山。現在の本殿は江戸中期の造営。加賀百万石の前田家の篤い崇敬を受けました。

創祀は十代崇神天皇の御世。境内は御社殿を包むように老杉や大ケヤキが立ち並び、清らかな気に満ちています。養老元年（七一七）、僧・泰澄が開いた白山山頂には白山奥宮が鎮座し、夏の開山時期には多くの登拝者が訪れています。加賀国一宮。

◉［主祭神］菊理媛神《くくりひめのかみ》 🏠石川県白山市三宮町二 105-1 ☎076・272・0680 北陸鉄道石川線鶴来駅よりバス5分

揖《い》夜《や》神社

P38

創祀年代は不詳ですが、『出雲国風土記』など古書には「伊布夜社」と記される古社。住宅街の中にポツンとあるにもかかわらず、境内には神聖な空気が漂います。

◉［主祭神］伊弉冉尊 🏠島根県松江市東出雲町揖屋2229 ☎0852・52・6888 JR山陰本線揖屋駅より徒歩5分

毎年八月二十八日には「穂掛祭」及び海上で行われる「一つ石神幸祭」があり、大勢の人でにぎわいます

熊《くま》野《の》本宮《ほんぐう》大社

P40

旧社地の大斎原に立つ大鳥居。そばには川が流れ、昔ながらの禊ぎも体感できます

十代崇神天皇の御世に、櫟《いちい》の大木に熊野三所権現（家津御子大神、熊野夫須美大神、速玉之男大神）が降りられ、「社殿を造って祀れ」と告げたのが起源とされています。古来、社殿のあった川の中州は現在、「大斎《おおゆの》原《はら》」と呼ばれ、日本一の高さを誇る大鳥居に守られています。

◉［主祭神］家津御子大神《けつみみこのおおかみ》 🏠和歌山県田辺市本宮町本宮1110 ☎0735・42・0009 JR紀勢本線紀伊田辺駅よりバス1時間50分、新宮駅よりバス1時間30分

熊野速玉大社《くまのはやたま》

元宮である神倉山には御神体のゴトビキ岩が。現在、神倉神社として鎮座されるその巨岩は圧倒されるほどの大きさ。「御灯祭」ではこの境内から氏子たちが駆け下りていきます

▼▼▼ P32 (地図内)

神倉山に降りられた熊野大神を十二代景行天皇の御世に、現在の地へと遷座。毎年二月に行われる「御灯《おとう》祭《まつり》」、十月の「御船祭《みふねまつり》」はどちらも一度は見たい稀有な祭礼です。元宮である神倉山には巨岩・ゴトビキ岩(写真)を御神体とする神倉神社が鎮座しています。

◉[主祭神] 熊野速玉大神、熊野夫須美《ふすみ》大神 🏠和歌山県新宮市新宮1 ☎0735・22・2533 JR紀勢本線新宮駅より徒歩15分

熊野那智大社《くまのなち》

▼▼▼ P32 (地図内)

一三三mの高さから降り注ぐ那智の大滝。その神々しい姿は古来より、御神体として信仰の対象とされてきました。現在の地に遷座したのが十六代仁徳天皇の御世。その際、大滝を「飛瀧大神《ひろうのおおかみ》」とし、新しい社殿には熊野夫須美《ふすみ》大神を中心に、国づくりに寄与した十三柱の神々を祀りました。

◉[主祭神] 熊野夫須美《ふすみ》大神 🏠和歌山県東牟婁郡那智勝浦町那智山1 ☎0735・55・0321 JR紀勢本線紀伊勝浦駅よりバス30分

朱塗りの華麗な拝殿。振り返ると太平洋までが見渡せます

住吉大社《すみよし》

▼▼▼ P42

月はじめの辰の日にお参りすると商売発達となる「はったつさん」や「五・大・力」の字が書かれた小石を見つけてお守りにする「五所御前」など、摂社末社にいたるまで大充実です

全国二千余社の住吉神社の総本社。神功皇后により創祀され、遣唐使出発の際にはここでの航海安全祈願が慣わしとなるなど、朝廷の崇敬も深い古社です。「住吉踊」は古来より伝承される神事芸能。童女たちが愛らしく舞い、神功皇后からの歴史をつないでいます。摂津国一宮。

◉[主祭神] 底筒男命《そこつつのおのみこと》、中筒男命《なかつつおのみこと》、表筒男《うわつつのお》命《のみこと》、神功皇后 🏠大阪府大阪市住吉区住吉2-9-89 ☎06・6672・0753 南海本線住吉大社駅より徒歩3分

第三章

天《あめ》の石屋戸《いわやと》

天照大御神《あまてらすおおみかみ》と須佐之男命《すさのおのみこと》の誕生

伊邪那岐命《いざなきのみこと》が左の御目をお洗いになったとき、誕生した神の名は天照大御神《あまてらすおおみかみ》。次に右の御目をお洗いになったとき、誕生した神の名は月読命《つくよみのみこと》。次に御鼻をお洗いになったとき、誕生した神の名は建《たけ》速須佐之男命《はやすさのおのみこと》です。

伊邪那岐命《いざなきのみこと》は大変喜び、首にかけていた首飾りを天照大御神《あまてらすおおみかみ》に与え、「あなたは高天原《たかまのはら》を治めなさい」とおっしゃいました。月読命《つくよみのみこと》には「夜の国を治めなさい」、最後に建速須佐之男命《たけはやすさのおのみこと》には「海原を治めなさい」とおっしゃいました。

日本神話の主役の登場

前章に引き続き、伊邪那岐命《いざなきのみこと》の禊ぎのシーン。さあ、いよいよ日本神話の主役ともいえる天照大御神《あまてらすおおみかみ》、そして須佐之男命《すさのおのみこと》が誕生しました。伊邪那岐命《いざなきのみこと》が「私はたくさんの子供を生んだが、最後に三柱の貴い子を得た」とおっしゃったので、この三神は三貴子《さんきし》とも呼ばれています。

天照大御神《あまてらすおおみかみ》は伊邪那岐命《いざなきのみこと》から高天原《たかまのはら》の統治を任された、神々の中の最高神であり、太陽の神とされています。

「大神」というだけでも偉いのに、さらに「御」がついてしまっている、そのお名前からしても「別格」アピールがバリバリに伝わってきます。

皇室の御祖先の神様として、日本人の総氏神として、伊勢の神宮はじめ、日本全国の多くの神社に祀られている天照大御神《あまてらすおおみかみ》。中でも伊勢の神宮に祀られるまでのいきさつは『日本書紀』に詳しく記されています。

二番目に誕生した月読命《つくよみのみこと》は、夜を治める神。大活躍の姉と弟に引き換え、『古事記』ではこの場面にしか登場しません

✣三貴子

神名	生まれた部位	治める国
天照大御神《あまてらすおおみかみ》	左目	高天原
月読命《つくよみのみこと》	右目	夜の国
建速須佐之男命《たけはやすさおのみこと》	鼻	海原

が、伊勢の神宮には、内宮別宮《ないくうべつぐう》としてこの月読命《つくよみのみこと》を祀る月読宮《つきよみのみや》が、外宮別宮《げくうべつぐう》として月夜見宮《つきよみのみや》があります。
内宮と外宮で漢字が違うのがややこしいところですが、宮の雰囲気も不思議なほどに違うのです。どちらが好きかは人それぞれ。ぜひ訪れて、その空気を感じてみてください。

問題児・須佐之男命《すさのおのみこと》の正体

天照大御神《あまてらすおおみかみ》、月読命《つくよみのみこと》が伊邪那岐命《いざなきのみこと》のお言葉のとおりに治められる中、速須佐之男命《はやすさのおのみこと》だけは海原をお治めにならず、あごひげが胸の前に垂れ下がるほど伸びるまで、激しく泣きじゃくっておられました。その泣く様は緑生い茂る山を枯れさせ、河や海を干からびさせてしまうほどでした。

こんな様子なので、悪い神々の声が田植えの頃のハエのように満ちてうるさくなり、悪霊による災いがたくさん起きました。

とうとう、伊邪那岐大御神《いざなきのおおみかみ》が速須佐之男命《はやすさのおのみこと》に「どうしてお前は、私が任せた海原を治めることもせず、泣いてばかりいるのだ」とお尋ねになりました。

「私は母のいる根《ね》の堅州国《かたすくに》に行きたいのです。だから泣いているのです」とお答えになったので、伊邪那岐大《いざなきのおお》御神《みかみ》は大層お怒りになって、「それならば、お前はこの国に住むのではない」と、速須佐之男命《はやすさのおのみこと》を追放してしまいました。

胸の前に垂れ下がるほどのあごひげを生やし、「お母さんに会いたいよう」と激しく泣きじゃくっている男……。いやですよねえ。恋人はおろか、友達にもなりたくないですよねえ。

須佐之男命《すさのおのみこと》※1は『古事記』では、そんなふうに描かれています。さらに、姉神である天照大御神《あまてらすおおみかみ》のいる高天原でも大暴れをし、高天原《たかまのはら》からも追放されてしまうのですから、とんでもない問題児です。

けれど、須佐之男命《すさのおのみこと》に対し、私たち日本人は格別の尊敬をもって、手を合わせてきました。

日本全国で、天照大御神《あまてらすおおみかみ》と須佐之男命《すさのおのみこと》を祀った神社の数を調べたというある資料によると、天照大御神《あまてらすおおみかみ》が上回ったのは北海道と北越地方のみ、あとは須佐之男命《すさのおのみこと》が多かったといいます。特に西日本では、天照大御神《あまてらすおおみかみ》を祀った神社の倍の数に達していたとか。

須佐之男命《すさのおのみこと》は「祇園さん」「天王さん」とも呼ばれます。京の都に夏を呼ぶ祇園祭※2で知られる八坂神社※3の主祭神は須佐之男命《すさのおのみこと》。その他、博多の祇園山笠はじめ、全国で行われている祇園祭を数えたらきりがありません。その主役はまさに須佐之男命《すさのおのみこと》なのです。

「天王さん」と呼ばれるのは、「牛頭天王《ごずてんのう》※4」とも同一視されていたから。須佐之《すさの》男命《おのみこと》、及び、牛頭天王は、疫病を祓う頼もしい神として全国に広まり、天王社

※1 須佐之男命
前段では「建速須佐之男命」でしたが、この段では「速須佐之男命」と記されています。なぜなのかは不明です

※2 祇園祭
祇園祭といえば、三十二基の豪華絢爛な山鉾が登場する「山鉾順行」が有名ですが、実は七月一日から三十一日まで連日のように様々な神事が行われる壮大な祭礼なのです

※3 八坂神社→P81

※4 牛頭天王
インドから中国、日本へ伝わる過程で仏教、道教、陰陽道などの考えが複雑に入り組んで形成された神格。日本では疫病を追い払ってくれる神様として蘇民将来伝説と結びつき、さらに須佐之男命と同体と考えられるようになりました。
蘇民将来伝説とは、「ある神様が一夜の宿を願い出たところ、裕福な弟は断り、

は三千社あまりにものぼるといいます。そこで行われる祭りは天王祭。主役はもちろん須佐之男命《すさのおのみこと》です。

病院に行けば、大抵の病気が治ってしまうのは、ここ百年余りの話。それ以前の日本人にとって病、それもどこからともなくやってきて、村中の人間の命を奪ってしまう疫病はとてつもなく恐ろしいものでした。そんな疫病神も追い払ってくれるに違いない、力強く頼もしい神様。日本人にとって、須佐之男命《すさのおのみこと》はそんなヒーローなのですね。

全国各地にある氷川神社※5や津島《つしま》神社※6、須賀《すが》(我)神社※7、須佐《すさ》神社※8なども須佐之男命《すさのおのみこと》を主祭神とした神社。また八坂神社をはじめ、八雲神社、八重垣《やえがき》神社など「八」がつく神社も須佐之男命《すさのおのみこと》を主祭神としているものが多いのです。

このような人気ぶりと、天武《てんむ》天皇をはじめ須佐之男命《すさのおのみこと》を崇敬する天皇が多い※9こと、織田信長も特に須佐之男命《すさのおのみこと》を崇敬していたことなどから、「日本の初代統治者は須佐之男命《すさのおのみこと》であり、『古事記』や『日本書紀』の記述はそんな須佐之男命《すさのおのみこと》の権威を貶める狙いもあったのではないか」との説もあるくらいなのです。

伊邪那岐命《いざなきのみこと》の終焉の地

さて、国生みから物語を引っ張ってきた伊邪那岐命《いざなきのみこと》は、その役目を天照大御神《あまてらすおおみかみ》

兄の蘇民将来は貧しいながらも精一杯のもてなしをしました。その神は、蘇民将来の一族には目印に茅の輪をつけ、弟の一族を滅ぼしました」という伝説。ここから、「蘇民将来子孫也」という護符を貼ると疫病からも守られるという信仰が生まれたとされます。この神様が「須佐之男命」と名乗ったといわれ、牛頭天王=蘇民将来伝説=須佐之男命となっていったようです。全国の神社で見られる茅の輪くぐりもこの蘇民将来伝説に由来しています。

※5 氷川神社→P81

※6 津島神社→P82

※7 須我神社→P82

※8 須佐神社→P82

※9 須佐之男命を崇敬する天皇たち

四十代天武天皇は、皇位継承をかけた激烈な戦いである壬申の乱を起こすにあたり、岐阜県七宗町（現在）に須佐之男命を祀り（神渕

と須佐之男命《すさのおのみこと》に譲り、「淡海《あふみ》の多賀《たが》にお鎮まり」になります。
淡海は近江、現在の滋賀県であり、琵琶湖の東側には伊邪那岐命《いざなきのみこと》、伊邪那美命《いざなみのみこと》を御祭神とする多賀大社※10があります。ここが『古事記』における伊邪那岐命《いざなきのみこと》の終焉の地と考えられています。

この多賀大社、江戸時代には、「伊勢に七たび、熊野に三たび、お多賀様には月参り」と歌われるほど、広く庶民の信仰を集めていました。伊勢は伊勢の神宮、熊野は熊野三山のことです。
同じく「お伊勢参らばお多賀へ参れ。お伊勢お多賀の子でござる」と、伊勢の神宮に祀られている天照大御神《あまてらすおおみかみ》が、多賀大社の伊邪那岐命《いざなきのみこと》の子であることも歌われているのです。

この歌の成立年代は明らかではありませんが、少なくとも江戸時代の庶民はどこの神社にどの神様が祀られているのか、その神様がどんな神様であるのかといったことが、日本の神話をもとにきちんと頭に入っていたのですねえ。

伊弉諾《いざなぎ》神宮の秘密

『古事記』では「淡海の多賀にお鎮まり」になったとされる伊邪那岐命《いざなきのみこと》ですが、『日本書紀』の一書には「幽宮《かくれみや》を淡路の洲《くに》につくって、静かにお隠れになられ

神社）、また五十二代嵯峨天皇は「須佐之男命は皇国の本主なり」として須佐之男命を祀る津島神社（愛知県津島市）に「日本総社」の号を贈りました

※10　多賀大社→P83

✣伊邪那岐命の終焉の地と北緯34度27分23秒ライン

た」と記されています。

現在の淡路島にある伊弉諾《いざなぎ》神宮は、その幽宮だった場所につくられたといわれる古社。伊勢の神宮内宮と同じ、北緯34度27分23秒に鎮座《ちんざ》していることが判明しています。

しかも、伊勢の神宮内宮と伊弉諾神宮を結んだ線のちょうど中間点が、奈良の飛鳥宮《あすかのみや》※11があった場所に当たるのだとか。伊弉諾神宮を意識して、伊勢の神宮内宮の御鎮座地が決められ、その一致の重要さを知る天皇らが新しい宮を造る場所として、両社の中間点を選んだのではないかと考えられています。

さらには、太陽の運行図を見ると、出雲大社、諏訪大社など、この後の章で登場する主要な神社が伊弉諾神宮を中心とする冬至、夏至のライン上に鎮座していることなどもわかっており、秘めたるパワーを感じさせる古社なのです。

※11　飛鳥宮
三十五代皇極天皇の宮。大化の改新（六四五）で難波宮に遷都されるが、三十七代斉明天皇として再び皇位に着くと（六五五）、飛鳥宮に戻ってきています。四十代天武天皇、四十一代持統天皇も飛鳥宮で政治を行いました

多賀大社と伊弉諸神宮、どちらが伊邪那岐命《いざなきのみこと》の終焉の地であったのか、調べるすべはありませんが、おもしろいことに伊弉諸神宮の御鎮座地の地名も「多賀」なのです。

ところで、日本地図を見ると、淡路島と琵琶湖はほぼ同じ形をしています。琵琶湖から地面を切り取って瀬戸内海側にパタンと引っくり返したのが淡路島、地面がなくなってしまったから琵琶湖ができた……なんて想像が膨らんでしまうくらい似ています。訪ねてみたい神社をたどりながら、日本地図を改めて眺めてみるのも楽しいものです。

天照大御神《あまてらすおおみかみ》と須佐之男命《すさのおのみこと》の誓約《うけい》

葦原中国《あしはらのなかつくに》に別れを告げ、母のいる根《ね》の堅州国《かたすくに》へいく前に、須佐之男命《すさのおのみこと》は高天原の天照大御神《あまてらすおおみかみ》のところへ挨拶に行こうと思い立ちます。

ここからがちょっと不思議な展開なのですが、天照大御神《あまてらすおおみかみ》は須佐之男命《すさのおのみこと》が攻めてきたと思い込み、戦支度をして須佐之男命《すさのおのみこと》を待ち受けるのです。

須佐之男命《すさのおのみこと》は身の潔白を証明するために、「それぞれ誓約《うけい》をして、子を生みましょう」と提案し、それに天照大御神《あまてらすおおみかみ》が応じます。

「誓約」とは、ある物事を神様に約束しておいて、その結果によって吉凶白黒

誓約で生まれた神々

須佐之男命《すさのおのみこと》の十拳剣《とつかのつるぎ》 →
- 多紀理毘売命《たきりびめのみこと》
- 市寸島比売命《いちきしまひめのみこと》
- 多岐都比売命《たきつひめのみこと》
- （宗像三女神《むなかたさんじょしん》）

天照大御神《あまてらすおおみかみ》の八尺《やさか》の勾玉《まがたま》 →
- 正勝吾勝勝速日天之忍穂耳命《まさかつあかつかちはやひあめのおしほみみのみこと》
- 天之菩卑能命《あめのほひのみこと》
- 天津日子根命《あまつひこねのみこと》
- 活津日子根命《いくつひこねのみこと》
- 熊野久須毘命《くまのくすびのみこと》

を占うこと。「コインの裏が出ればオレの勝ち、表が出ればお前の勝ち」というようなものですね。

天照大御神《あまてらすおおみかみ》が須佐之男命《すさのおのみこと》の十拳剣《とつかのつるぎ》※12を三段に打ち折り、天《あめ》の真名井《まない》という井戸の水を振りすすいで、口に入れて噛みに噛んで吐き出すと、多紀理毘売命《たきりびめのみこと》（またの名を奥津《おきつ》島比売命《しまひめのみこと》）、市寸島比売命《いちきしまひめのみこと》（またの名を狭依《さより》毘売命《びめのみこと》）、多岐都比売命《たきつひめのみこと》という三柱の姫神が誕生しました。

同様に、須佐之男命《すさのおのみこと》が天照大御神《あまてらすおおみかみ》の身につけていた八尺《やさか》の勾玉《まがたま》の五百津《いほつ》の美須麻流《みすまる》の珠《たま》※13を噛みに噛んで吐き出すと、五柱の男神が誕生しました。

天照大御神《あまてらすおおみかみ》が「私の持ち物から生まれたのだから、五柱の男の子は私の子。先に生まれた三柱の女の子があなたの子です」と言うと、須佐之男命《すさのおのみこと》は「私が潔白だから、清

※12 十拳剣
伊邪那岐命が迦具土神を斬ったのも、黄泉の国で追いかけてくる雷神たちを追い払ったのもこの十拳剣。でもその剣と同一というわけではなく、一般的な剣をこのように呼ぶのだと解釈されています

※13 八尺の勾玉の五百津の美須麻流の珠
「八尺の勾玉」もこの後の章で何度も登場しますが、「八尺」の意味はわからないとされています。ここではたくさんの勾玉を1本の長い紐に通した珠飾り、ということでしょうか

らかでか弱い女の子を得たのだ。私の勝ちだ！」と喜びはしゃぎました。

『日本書紀』では「女の子が生まれたほうが勝ち」と決めて誓約をする一書もあるのですが、『古事記』ではそんな取り決めはなく、須佐之男命《すさのおのみこと》が勝手に喜ぶことになっています。

そのはしゃぎぶりがあまりにひどく、※14恐れをなした天照大御神《あまてらすおおみかみ》が、天の石屋戸にお隠れになってしまうことになるのです……。

宗像大社の三女神

有名な「天《あめ》の石屋戸《いわやと》」の伝説へと話を進める前に、誓約《うけい》によって誕生した三柱の姫神のことを紹介しておきましょう。

この三柱の姫神は、福岡県宗像市にある宗像大社《むなかたたいしゃ》※15に祀られ、「宗像三女神《むなかたさんじょしん》」と呼ばれています。

宗像大社は陸地から六十kmほど沖、玄界灘に浮かぶ沖ノ島に沖津宮《おきつみや》、陸地に近い大島に中津宮《なかつみや》、宗像本土に辺津宮《へつみや》と、三つの宮で構成されています。

『日本書紀』※16に書かれているように現在、多紀理毘売命《たきりびめのみこと》は沖津宮、多岐都比売《たきつひめの》命《みこと》は中津宮、市寸島比売命《いちきしまひめのみこと》は辺津宮に祀られています。

沖津宮のある沖ノ島は「海の正倉院」といわれ、その古代祭祀遺跡からは八

※14 須佐之男命のはしゃぎぶり
たとえば、天照大御神の水田の畔を壊したり、田に水を引く溝を埋めたり、神聖な御殿に汚物を撒き散らしたり、神に奉るための織物を織る服屋《はたや》に皮をはいだ馬を投げ込んだり……もうめちゃくちゃです

※15 宗像大社→P83

※16『日本書紀』の記述
対して『古事記』には、多紀理毘売命は奥津宮、また、市寸島比売命が中津宮、多岐都比売命が辺津宮に鎮座すると記されています

万点にものぼる神宝が発見され、すべてが国宝に指定されています。

島全体が御神体であり、通常は神職一人が奉仕しています。毎年五月二十七日の大祭の日のみ一般人も参拝が許されますが、残念ながら女人は禁制。男性も上陸するには禊《みそ》ぎが必要であり、一木一草一石たりとも持ち出しは禁止とされています。

中津宮のある大島は上陸可能。宮の前には「天の川」と呼ばれる川が流れ、七夕伝説発祥の地とされています。川の北側には彦星の宮、南側には七夕の宮が建てられ、その昔、娘たちは七月一日から七日まで、この七夕の宮にこもり、恋愛成就を願ったとか。

辺津宮にあたる宗像大社に行くと、まず驚くのはその駐車場の広さ。交通安全のご祈祷を受けようと県外からも車が集まるためだそうで、もともとは「海上交通の守り神」とされていた宗像三女神が、現代になり陸上の交通にも守備範囲を広げられたのですね。

……というよりも、人々の要請に応えてくださったということ。日本の神様は懐が深いのです。

お正月にはバイクに乗ったヤンチャな若者集団も続々、初詣に集まってくるということですから、その御威光たるやいかに、という話です。

広島の嚴島神社※17の御祭神もこちらの宗像三女神。嚴島神社というと、平清盛

※17 嚴島神社→P83

※18 弁財天
もとはヒンドゥー教の女神、サラスヴァティー。聖なる川の化身と伝わり、流れるもの＝音楽や言葉や知識などを司る神となっていったといわれます。日本では

との関係が深いことで有名ですが、平氏の隆盛と海上交通は切っても切れない関係。清盛が篤い崇敬を寄せたのがわかります。

この「嚴島」という名前、実は市寸島比売命《いちきしまひめのみこと》の名から来ているのではないかと考えられているのです。三女神のなかでも、断トツの人気を誇る市寸島比売《いちきしまひめの》命《みこと》。弁財天と習合※18したことで商売繁盛や芸能の神として、単独でも全国各地で祀られています。

現在、どこの神社でも境内に池があれば、その池の近く、または池の中の小島に小さな鳥居を見ることができるはず。それは、ほぼ百パーセントの確率で弁財天社です。

現在、いったいどれくらいの数の弁財天社があるのかわかりませんが、その中で日本三大弁財天といわれているのが、嚴島神社と、琵琶湖に浮かぶ竹生島《ちくぶじま》にある宝願寺※19、神奈川県の江島《えのしま》神社※20、奈良県天川村の天河大弁財天《てんかわだいべんざいてん》社※21です。江島神社と天河大弁財天社に関しては、関東人と関西人で意見が分かれるところなのだとか。

それにしても、経典によれば本来は「弁才天」とするのが正しい表記とのことなのですが、日本では「弁財天」とするところが多いのです。「財」いわゆる、財運アップ、商売繁盛です。自分がそんな神様になってしまったなんて、市寸《いちき》島比売命《しまひめのみこと》もちょっと苦笑い？かもしれませんねえ。

「七福神」の一員であり、琵琶をもつ姿でおなじみ

※19 宝願寺
神亀元年（七二四）、四十五代聖武天皇の夢枕に天照大御神が立ち「弁財天の聖地である竹生島に寺院を建てよ」と告げられたのが起源と伝わります

※20 江島神社
二十九代欽明天皇十三年（五五二）に「神宣により宮を竜穴に建てられた」と伝わります。空海や日蓮など多くの高僧も修行に訪れたという岩屋洞窟は崩落の危険があり、長く閉鎖されていましたが、現在は整備され、入洞できるようになりました

※21 天河大弁財天社
奈良時代初頭、修験道の開祖とされる役行者《えんのぎょうじゃ》により、大峯山脈の最高峰である弥山《みせん》に祀られたのが創祀。その後、四十代天武天皇により、現在の地に社殿が建てられました

二　天《あめ》の石屋《いわや》戸《と》

天照大御神《あまてらすおおみかみ》は須佐之男命《すさのおのみこと》の様子を見て恐れおののかれ、天《あめ》の石屋《いわや》戸《と》を開いて、その中にお隠れになってしまいました。

高天原《たかまのはら》は真っ暗になり、葦原中《あしはらのなかつ》国《くに》も真っ暗になりました。

昼の訪れない常夜になってしまったので、さまざまな神の声が田植えの頃のハエのように満ちてうるさくなり、悪霊による災いもたくさん起きました。

八百萬《やおよろず》の神々は天安《あめのやす》の河原にお集まりになり、高御産巣日神《たかみむすひのかみ》の子である思金神《おもいかねのかみ》にいい方法を考えさせようと、お決めになりました。

天《あめ》の石屋戸《いわやと》は実在する？

52ページで須佐之男命《すさのおのみこと》が泣きじゃくっていたときと同じ「田植えの頃のハエ」という表現が、ここでも使われています。この時代、暖かくなってきた頃のハエはどれだけうるさかったのでしょうか？

とにかく、困ってしまった神様たちは天安《あめのやす》の河原に集まります。先に天照大《あまてらすおお》御神《みかみ》と須佐之男命《すさのおのみこと》が誓約をしたのもこの河原とされていて、この後も重大な出来事が起こると神様たちはこの河原に集まるのです。

この天安の河原とされている場所が宮崎県高千穂町にあります。そして、その名もズバリ、天岩戸《あまのいわと》神社※1という神社もあるのです。

宮崎県延岡市から日向灘に注ぎ込む五ケ瀬川。その五ケ瀬川を遡っていった深い渓谷の中に天岩戸神社はあります。

川をはさんだ東西の断崖に宮があり、それぞれ天照大御神《あまてらすおおみかみ》をお祀りしています。御神体とされるのが、なんと「天岩戸の洞窟」。西側の西本宮から遥拝することができるのですが、洞窟があるとされる対岸は深い緑で覆われていて、その様子を確認することはできません。

神職も立ち入ることのできない禁足地ということですから、はっきり見ようとするのは罰当たりなのでしょうね。

※1 天岩戸神社
創祀年代不詳。高千穂渓谷を流れる岩戸川の断崖の中腹にある岩窟を古来より「天岩戸」としてお祀りしています

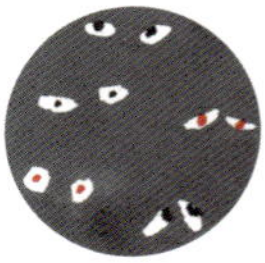

一方、天安《あめのやす》の河原では、しっかりとその場の空気を感じることができます。天岩戸神社のそば、百二十段ほどの石段を下り、川沿いの遊歩道を歩いた先に、ぽっかりと洞窟が口を開けています。同じ洞窟でも、黄泉の国の入り口とされる猪目洞窟とは違い、なんだか明るい印象を受けるのが不思議。

洞窟内には思金神《おもいかねのかみ》と八百萬の神々を祀った小さな祠があります。周囲にはたくさんの小石が積み上げられていて、一瞬「ここは賽《さい》の河原※2!?」という気分になりますが、それは間違い。ここで石を積んで願いごとをすると叶うといわれているためなのです。

知恵の神・思金神《おもいかねのかみ》のアイデア

思金神《おもいかねのかみ》は、天之御中主神《あめのみなかぬしのかみ》が祀られていることですでにご紹介した秩父神社の主祭神。知恵の神として、伊勢の神宮はじめ全国各地で祀られています。

その思金神《おもいかねのかみ》が考えたアイデアとはどういうものだったのでしょうか？

まず常世《とこよ》の長鳴鳥《ながなきどり》を集めて鳴かせました。

天安河の川上の硬い石を金床にして、天の金山の鉄を鍛冶屋の天津麻羅《あまつまら》に鍛えさせ、伊斯許理度売命《いしこりどめのみこと》に鏡を作らせました。

玉祖命《たまのやのみこと》には、八尺《やさか》の勾玉《まがたま》をたくさんつないだ珠飾り※3を作らせました。

※2 賽の河原
親より先に死んだ子供が行くといわれている場所。親のために小石を積み上げるのですが、いいところまで積み上げると、鬼が出てきて崩されてしまうのだとか。親不孝の報いとはいえ、悲しい話です

※3 珠飾り
『古事記』には、天照大御神が誓約に用いたものと同じ「八尺の勾玉の五百津の御(美)須麻流の珠を作らせた」と記されています

✣真賢木《まさかき》の太御幣《ふとみてぐら》（イメージ図）

天児屋命《あめのこやねのみこと》と布刀玉命《ふとだまのみこと》には、天《あめ》の香具山《かぐやま》にいる牡鹿の肩の骨を朱桜の枝で焼いて、吉凶を占わせました。

それから天の香具山から根のまま掘り起こしてきた真賢木《まさかき》※4の上の枝に玉祖命《たまのやのみこと》に作らせた珠飾りをつけ、中枝に伊斯許理度売命《いしこりどめのみこと》に作らせた鏡をつけ、下枝には白和幣《しろにぎて》、青和幣《あおにぎて》※5をつけて、太御幣《ふとみてぐら》※6として、布刀玉命《ふとだまのみこと》に持たせて、天の石屋戸の前に立たせました。

その横で、天児屋命《あめのこやねのみこと》に天照大御神《あまてらすおおみかみ》がお出ましになるような祝いの言葉を申し上げさせたのです。

そして石屋戸の横に、天手力男神《あめのたぢからおのかみ》を隠れさせ、天宇受売命《あめのうずめのみこと》を神々の前で踊らせました。

天宇受売命《あめのうずめのみこと》が胸も陰部もあらわにして踊ったので、神様たちは大喜びして大きな声で笑い、その笑い声で高天原が揺れるほどだったと『古事記』は伝えています。

※4　真賢木
常緑樹のこと。常に葉が繁っているため「繁栄」を象徴するのだとか

※5　白和幣、青和幣
和幣とは神様に捧げる布のこと。白和幣は木綿、青和幣は麻で織られています

※6　御幣
神様へ捧げるもの

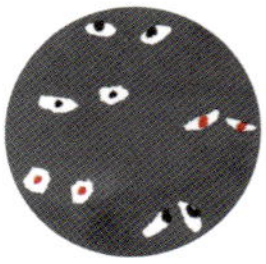

神事のはじまり

天照大御神《あまてらすおおみかみ》は何事かと怪しまれ、天《あめ》の石屋戸《いわやと》を細めに開けて、中から「私が隠れてしまったことで、高天原《たかまのはら》も葦原中国《あしはらのなかつくに》も真っ暗になっているのに、なぜ天宇受売《あめのうずめ》は楽しく踊り、八百萬《やおよろず》の神々も笑っているのか」とおっしゃいました。

天宇受売《あめのうずめ》が「あなた様よりも貴い神がいらっしゃるのです。そのために、喜んで笑い遊んでいるのです」とお答えになりました。

その間に天児屋命《あめのこやねのみこと》と布刀玉命《ふとだまのみこと》が鏡を差し出して、天照大御神《あまてらすおおみかみ》に見せると、天照大御神《あまてらすおおみかみ》はますます怪しく思われて、そろそろと身を乗り出してきたときに、戸の横に隠れていた天手力男神《あめのたぢからおのかみ》が天照大御神《あまてらすおおみかみ》の御手を取って引き出されました。

布刀玉命《ふとだまのみこと》がすかさず、「尻《しり》くめ縄《なわ》」を石屋戸の入り口に渡し、「これより内にはどうぞ帰らないでください」と告げられました。

天照大御神《あまてらすおおみかみ》がお出ましになると、高天原《たかまのはら》も葦原中国《あしはらのなかつくに》も自然と照り明るくなりました。

この天の石屋戸の話には、今の神事につながる重要な事柄がたくさん含まれています。

鏡や珠飾りで飾られた真賢木《まさかき》は、今もご祈祷のときなど玉串として神前に捧げられる榊につながっています。
天照大御神《あまてらすおおみかみ》がお出ましになられた後、布刀玉命《ふとだまのみこと》がすかさず入り口に渡した「尻《しり》くめ縄《なわ》」は注連縄《しめなわ》。今も鳥居や拝殿の正面には注連縄がありますよね。
天児屋命《あめのこやねのみこと》が申し上げた言葉は祝詞《のりと》のはじまり、天宇受売命《あめのうずめのみこと》の踊りは神楽《かぐら》のはじまりといわれています。

また、伊勢の神宮の式年遷宮《しきねんせんぐう》では、御神体が遷されるクライマックスともいえる神事の際、神職がこの常世《とこよ》の長鳴鳥《ながなきどり》の鳴きまねをします。

平成二十五年に行われた第六十二回式年遷宮のときも、大勢の参列者が息を殺して見守る中、「カケコーカケコーカケコー」との声が夜の闇に響いた後、御神体を白い布で覆った御列がゆっくりと姿を現しました。

その他、ここで活躍した神様たちはこの後にも大変重要な役どころで登場しますので、詳しい紹介はそちらに譲るといたしましょう。

ところで、天の石屋戸から天照大御神《あまてらすおおみかみ》をお出しした怪力の天手力男神《あめのたぢからおのかみ》ですが、このとき力まかせに開けたために、石屋戸は、遠く現在の長野県まで飛んでいき、戸隠《とがくし》山になったといわれています。その麓にある戸隠神社※7には天手力男神《あめのたぢからおのかみ》はじめ、ここで活躍した神々が祀られています。

※7 戸隠神社→P84

大気津比売と日本の農業

天の石屋戸が一件落着し、『古事記』は高天原を追放された須佐之男命のお話に移ります。でもその前にこんなお話が語られているのです。

「須佐之男命《すさのおのみこと》は大気津比売神《おおげつひめのかみ》に食事を用意するように頼みました。そこで大気津比売神は鼻や口、尻からおいしい食べ物を取り出して、いろいろに料理してお出しすると、須佐之男命はその様子をうかがっていて、穢《けが》らわしいものを自分に出したと思い、大気津比売神を殺してしまいました。殺された大気津比売神の頭には蚕が生まれ、両目には稲の種が生まれ、両耳に粟が生まれ、鼻に小豆が生まれ、陰部に麦が生まれ、尻に大豆が生まれました。神産巣日御祖命《かみむすひのみおやのみこと》はこれを取らせて、種としました」

大気津比売神は伊邪那美命が生んだ粟の国（今の徳島県）が神格化した神様とも、伊勢の神宮外宮に祀られる豊受大御神《とようけのおおみかみ》とも同神視される、食物を司る偉大な神様です。

この話、『日本書紀』の一書では、月夜見尊《つくよみのみこと》と保食神《うけもちのかみ》の話になっており、保食神を殺してしまった月夜見尊のことを天照大御神《あまてらすおおみかみ》が大層怒り、それが原因で二柱（太陽と月）が顔を合わせなくなったと語られています。加えて、天照大御神は保食神の体から生まれた種を喜び、「粟稗麦豆は陸田種子、稲は水田種子」とされました。そう、農業のはじまりがここに記されているのです。

少し先の話になりますが、『日本書紀』では天照大御神が葦原中国《あしはらのなかつくに》を治めるために天降っていく孫の邇邇芸命《ににぎのみこと》にこう言ったと記します。

「葦原の瑞穂がたわわに実る国は、わが子孫が王として治める国です。皇孫よ、行ってお治めなさい。天地に限りがないように、あなたの国は永遠に栄えるでしょう」（天壌無窮の神勅）、「私が高天原で食している神聖な田（斎庭）の稲穂をわが御子に託しましょう」（斎庭の稲穂の神勅）。これに、145ページで引用している「宝鏡奉斎の神勅」を合わせて「三大神勅」といい、日本が建国されるにあたって、神から下された大切な言葉とされています。日本は争いではなく、稲作で豊かに繁栄していくことを命じられた国なのですね。

それにしても、罰を与えられたにもかかわらず、須佐之男命は相変わらず乱暴者です。それが一転、ヒーローになっていく姿を次章で追っていきましょう。

第四章

須佐之男《すさのお》の活躍

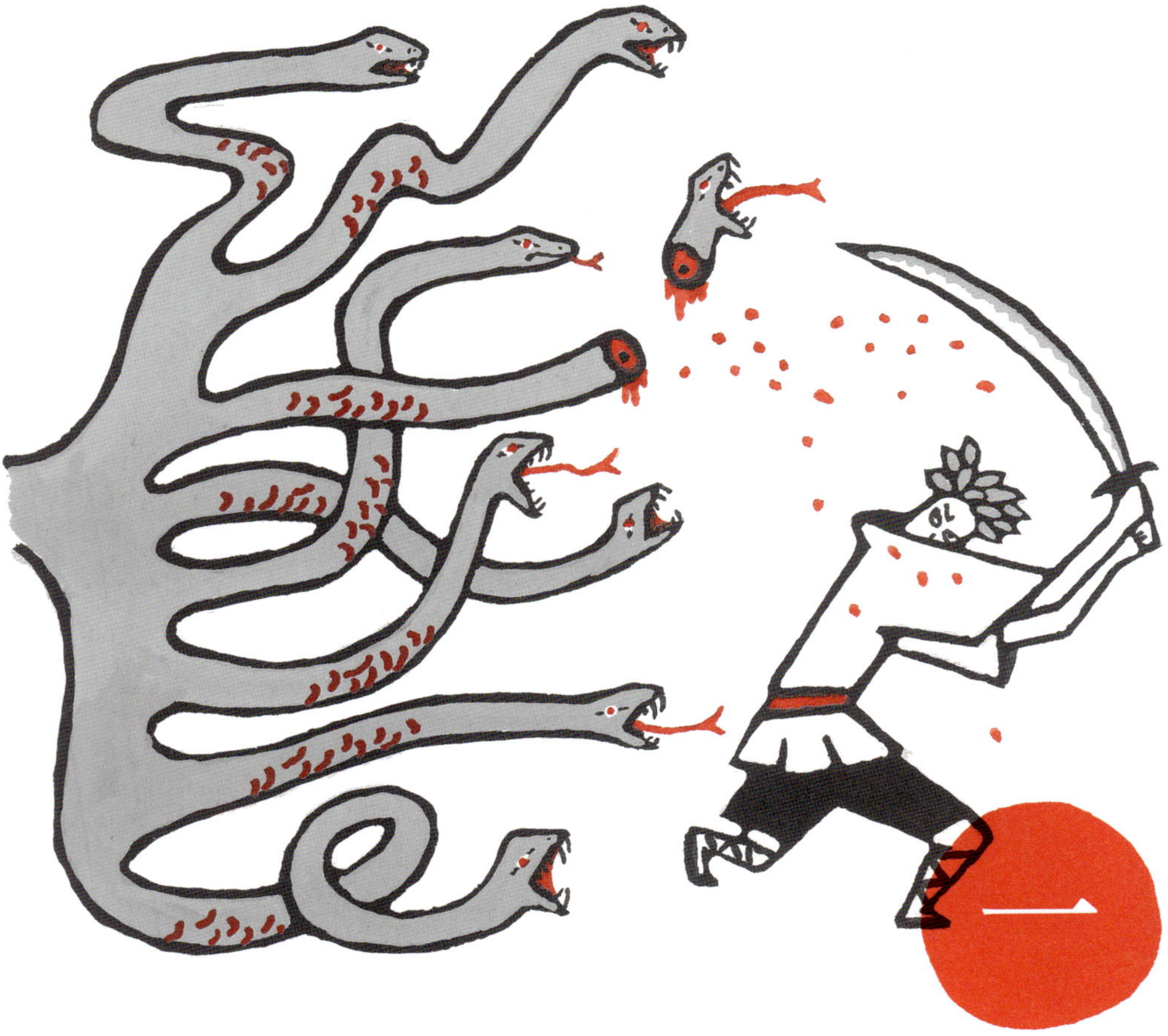

一

八俣大蛇《やまたのおろち》

須佐之男命《すさのおのみこと》は追放され、出雲の国の斐伊《ひい》川の上流の鳥髪《とりかみ》というところに天降《あも》られました。

箸が流れてきたのを見つけて「人が住んでいるのだな」と思われた須佐之男命《すさのおのみこと》が上流を訪ねていくと、娘をはさんで泣いている老夫婦に出会いました。

「なぜ、泣いているのだ?」とお尋ねになると、「私たちにはもともと八人の娘がいましたのに、高志《こし》の八俣大蛇《やまたのおろち》が毎年やってきて、食べてしまいました。今年もその時期がやってきたので、泣いているのです」と答えました。

八俣大蛇《やまたのおろち》はただの伝説か？

『古事記』における八俣大蛇《やまたのおろち》は、恐ろしい怪物として描かれています。「大蛇の目はほおづきのように赤く、体がひとつなのに、頭が八つ、尾も八つ。その身には苔や杉、檜《ひのき》が生え、体の長さは八つの谷、八つの丘に渡るほど長く、その腹を見ればいつも血でただれている……」。

この八俣大蛇、ただの伝説なのでしょうか。それとも、実在するなにかの象徴だったのでしょうか。

高天原《たかまのはら》から追放された須佐之男命《すさのおのみこと》は「出雲の国の斐伊川《ひい》の上流の鳥髪《とりかみ》」に降り立ちます。出雲の国は現在の島根県。鳥髪は島根、広島、鳥取の県境にある横田町あたりといわれています。横田町を流れるのは、船通山《せんつうざん》に源流を発する斐伊川。現在も大蛇のように蛇行しながら、宍道湖《しんじこ》に注いでいます。

船通山一帯は良質の砂鉄の産地。製鉄の歴史は古代に遡り、今も横田町では世界で唯一、古来の製鉄技法である「たたら製鉄」[※1]が行われています。

✤古代出雲

※1 たたら製鉄
砂鉄を三日三晩かけて焼き続け、「ケラ」「ズク」といわれる鉄製品を作る材料を取り出す製法。大量の木炭を確保するため、木々が伐採され、付近の山々が禿《はげ》山になったといわれます

斐伊川には砂鉄が流れ、近年までそれが川面を赤くしていたといいます。製鉄に必要な木々を伐採され、禿山となった付近の山々は水を蓄える力もなく、大雨が降ると斐伊川は氾濫し、村々を襲ったに違いありません。その様を「八俣大蛇」に重ねたのではないか、という説があります。

対して、須佐之男命《すさのおのみこと》は治水工事を行うなどして、人々を斐伊川の氾濫から救った、力強く革新的な指導者だったのではないか、日本人に愛され崇敬され続ける須佐之男命《すさのおのみこと》の顔がそんなふうに想像されるのです。

一方、「八俣大蛇は実在の人物だった」という説もあります。

横田町にある伊賀多気《いがたき》神社。※2 須佐之男《すさのお》神の御子神である五十猛命《いたけるのみこと》をお祀りしているこの神社の由緒には「鉄を作るために周囲の山々を禿《はげ》山にしているオロチ族を父神とともに倒し、その後、住民とともに禿山に樹木の苗を植え、植樹造林をおすすめになられた」という趣旨が記されています。

船通山一帯を支配し、山の木々を我が物顔に伐採し、製鉄で富を築いた豪族、オロチ族。

麓に住む人々は禿山による川の氾濫という被害を受けるだけでなく、人柱として、美しい娘を差し出さなければならないこともあったのかもしれません。

そんな人々のために立ち上がったのが、須佐之男命《すさのおのみこと》だったのでしょうか。

※2 伊賀多気神社
十一代垂仁天皇の御世の創建と伝わる古社。鎌倉時代作の御神像は県の文化財に指定されています

『出雲国風土記』の謎

須佐之男命《すさのおのみこと》は「そなたたちの娘を私にくれないか？」とおっしゃいました。

「畏れ多いことでございますが、あなた様のお名前も知りませんので」と足名椎神《あしなづちのかみ》は躊躇されましたが、須佐之男命が「私は天照大御神《あまてらすおおみかみ》の弟です。今、天から降りてきたところです」とおっしゃると、「それならば、大変畏れ多いことです。娘を差し上げましょう」と答えました。

須佐之男命《すさのおのみこと》が出会った老夫婦は、国つ神《くにつかみ》の大山津見神《おおやまつみのかみ》の子である足名椎《あしなづち》と、その妻・手名椎《てなづち》。娘の名は櫛名田比売《くしなだひめ》といいました。

須佐之男命《すさのおのみこと》が天照大御神《あまてらすおおみかみ》の弟であることを明かすと、足名椎《あしなづち》と手名椎《てなづち》は恐れ入って、「娘を差し上げましょう」と約束したのです。

そこで、須佐之男命《すさのおのみこと》は櫛《くし》名田比売《なだひめ》を櫛に変えると、それを頭に挿し、足名椎《あしなづち》、手《て》名椎《なづち》に八塩折《やしおおり》の酒を作らせました。「八塩折」とは「八回醸《かも》す」という意味で、濃

出雲の国つ神と須佐之男命《すさのおのみこと》

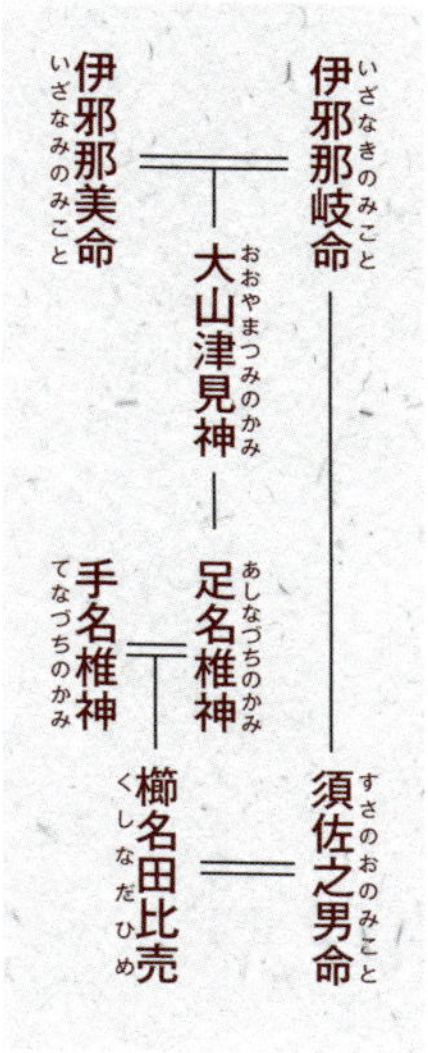

い強い酒を表します。それを飲み干した八俣大蛇《やまたのおろち》が酔っ払い、寝込んだところを須佐之男命《すさのおのみこと》がみごと退治するのです。

ところで、ここで不思議な事実がひとつ。『古事記』や『日本書紀』を読んだことはなくても、この八俣大蛇の神話を知っている人は多いはず。そんなメジャーな神話がなぜか、『出雲国風土記《ふどき》』には載っていないのです。

『風土記』とは『古事記』が編纂された翌年の和銅六年（七一三）に、大和朝廷から諸国に対し、自国についての歴史や特色などをまとめて提出せよとの命が下され、編纂されたもの。『古事記』『日本書紀』は天皇を戴く大和朝廷が作ったもの、『風土記』は地元の人が各々、自分たちの国について記したもの、なのですね。

そんな『出雲国風土記』に記されていないことも「八俣大蛇は実在の人物」説を後押しする大きな要因となっています。

自分たちを苦しめ続けてきたオロチ族を須佐之男命《すさのおのみこと》が倒してくれたという歴史的事実があったとしたら、当時の出雲の人々にとってみれば、須佐之男命《すさのおのみこと》は絶対的なヒーローであり、先祖代々、その大功績を伝え、褒め称えてきたはず。

それを「大蛇を退治した」なんていうおとぎ話にされてしまってはたまったものではない。とはいえ、大和朝廷に真っ向から反抗することもできない。それが「一切、このことには触れない」という選択をさせたのではないか。そんなふうに考えられています。

各国が提出したはずの『風土記』ですが、現在、私たちが目にすることができるのは常陸《ひたち》、播磨《はりま》、豊後《ぶんご》、肥前《ひぜん》、そして出雲《いずも》の五カ国のみです。しかも、どれも完全な形ではない中、出雲のみが唯一の完全版として残されています。

また他国の『風土記』には天皇や王族がその国を訪れた話などが多く載っているのに対し、『出雲国風土記』には一切なし。ひたすら出雲国のことが具体的な数字も多く盛り込まれて詳しく語られ、地名の由来には須佐之男命《すさのおのみこと》や次に登場する大国主神《おおくにぬしのかみ》の他、『古事記』『日本書紀』には出てこない出雲の神々が多く登場してくるのです。

そこには大和朝廷に対する出雲の複雑な思い、出雲人としての誇りのようなものを感じることができるのですが、そのいきさつは、もう少し先のお話になります。

神話の中では、死んだ八俣大蛇の腹から立派な大刀が出てきます。これを須《す》佐之男命《さのおのみこと》は天照大御神《あまてらすおおみかみ》に献上し、草那芸《くさなぎ》の大刀《たち》と呼ばれるようになりました。

この草那芸の大刀、日本神話を語る上でなくてはならない刀として大活躍することになりますが、それもまた、もう少し先のお話です。

二

須佐之男命《すさのおのみこと》の結婚

大蛇退治を終えられた須佐之男《すさのお》命《みこと》は、櫛名田比売《くしなだひめ》との新居となる宮を造るにふさわしい場所を出雲国に探し求められました。

そして須賀の地にいらしたとき、「この土地は我が心を清々しくする」とおっしゃって、そこに宮を造られました。こういうわけで、この土地は「須賀」というのです。

須賀の宮を造られたとき、その地に雲が立ち上りました。そこで須佐之男命《すさのおのみこと》は歌を詠まれました。

「八雲立つ　出雲八重垣　妻籠みに
八重垣作る　その八重垣を」

島根に残る須佐之男命《すさのおのみこと》の足跡

須佐之男命《すさのおのみこと》が歌を詠まれた場所と伝えられるのが、島根県雲南市《うんなん》にある須我《すが》神社※1（明治二十二年に「須賀」から社名が変更されました）です。「日本初之宮」であり、「和歌発祥の地」ともされるこの地で、須佐之男命《すさのおのみこと》は莫蓙《ござ》のしんとなる荒麻《あらそ》と新しい莫蓙を交換する市場を開いたのだそう。須我神社では毎年八月二十二日にこのことに由来する「莫蓙替《ござがえ》神事」が行われ、神社前の広場は今も「市場」と呼ばれています。

須我神社から北東へ約二kmほどのところにそびえる八雲山の中腹には「夫婦岩」と呼ばれる二つの巨岩があります。そこへ子供のような岩も寄り添う様はまるで須佐之男命《すさのおのみこと》、櫛名田比売《くしなだひめ》に、二柱の御子神である八島士奴美神《やしまじぬみのかみ》という家族の姿を表しているよう。

この大中小三つの岩で成された磐座は古代、須我神社の祭祀の地であったとされ、現在も須我神社の奥宮として篤い信仰を集めています。

古代、須我神社の社地であったこの八雲山の頂上からは宍道湖から島根半島、その先の日本海までが見渡せます。その光景はまさに「我が心を清々しく」させるもの。この地に立ったときの須佐之男命《すさのおのみこと》の気持ちを体感できるものです。標高四二〇mほどなので、須我神社を訪れた際はぜひこちらにも足を伸ばしてみ

※1 須我神社→P82

てください。

島根県を旅すると、「須佐之男命《すさのおのみこと》は本当にこの地に生きていたのだなあ」ということが自然と納得できるほど、須佐之男命《すさのおのみこと》にまつわる伝承やそれにちなむ地名、神社が多いのです。

横田町から斐伊《ひい》川沿いに下ったところにある木次町《きすきちょう》にはオロチ族の館などがあったとされ、オロチが最期を遂げたとされる場所に八本杉が立っています。

そこから少し離れた場所にある斐伊《ひい》神社※2は、オロチ館から奪還した櫛名田比売《くしなだひめ》を隠した場所とも伝えられ、この名称から川が名も斐伊川となったとも。

八俣大蛇退治の間、須佐之男命《すさのおのみこと》が仮宮《かりみや》としたという場所は八口《やぐち》神社※3に、八塩折《やしおおり》の酒を作るための御室を作った場所は布須《ふす》神社※4となっています。

櫛名田比売《くしなだひめ》を奪還後も、オロチ族との争いは続いたらしく、縁結びの神社としても有名な八重垣神社※5（松江市）の佐草女《さくさめ》の森は櫛名田比売《くしなだひめ》が隠れ住んだところと伝えられています。現在訪れても、密やかな空気が漂う神秘的な森です。

櫛名田比売《くしなだひめ》は「稲田姫」の字が当てられることもあるように、稲作の姫神。櫛名田比売《くしなだひめ》の父である足名椎神《あしなづちのかみ》が最初に「国《くに》つ神《かみ》の大山津見神《おおやまつみのかみ》の子」と自己紹介していることから考察すると、一般人より、だいぶ格上。横田町周辺の農耕の長の娘だったのかもしれません。

須佐之男命《すさのおのみこと》との出会いの場所ともなった横田町には稲田神社※6があり、櫛名田《くしなだ》

※2　斐伊神社
創祀年代不詳。武蔵国一宮の氷川神社へ分霊した「杵築大社」はこの斐伊神社を指すとの説もあります。八俣大蛇の八つの首を埋めたという八本杉ももとはこの境内にあり、古くは大きな神社でした

※3　八口神社
創祀年代不詳。ここから放った矢で八俣大蛇を仕留めたと伝わります。その伝承からか『出雲国風土記』には「矢口神社」と記されています

※4　布須神社
創祀年代不詳。御室を造った場所は「御室山」となり、この神社の御神体とされています。頂上には磐座があり、古くから信仰の場とされてきたことを物語っています

※5　八重垣神社
島根県松江市の、素盞嗚尊が稲田姫命と初めて結婚生活を送られた地に鎮座。以

比売《ひめ》が生まれたときに使われた産湯の池なども残っています。

出雲市の須佐神社[※7]は『出雲風土記』によると、須佐之男命《すさのおのみこと》が「この国は小さい国であるがよいところである。それで自分の名は石木につけない、この土地につけるとおっしゃって、大須佐田、小須佐田を定められ、御自分の御魂《みたま》を鎮められた」と記されています。「御魂を鎮められた」とは、ここが須佐之男命《すさのおのみこと》の終焉の地となるのでしょうか？

ともあれ、出雲を旅すると、奥出雲から雲南市、松江市、そして出雲市と、着々と領土を広げていった頼れる指導者・須佐之男命《すさのおのみこと》の顔がいきいきと浮かんでくるのです。

須佐之男命《すさのおのみこと》の妻たち、子供たち

そうして、須佐之男命《すさのおのみこと》と櫛名田比売《くしなだひめ》は幸せに暮らしましたとさ……で、終わりにならないのが日本神話。

『古事記』は櫛名田比売《くしなだひめ》が八島士奴美神《やしまじぬみのかみ》を生んだことを記し、続けて「大山津見神《おおやまつみのかみ》の娘の神大市比売《かむおおいちひめ》を娶って生んだ子は、大年神《おおとしのかみ》、宇迦之御魂神《うかのみたまのかみ》です」と、実にサラリと記しています。

「大山津見神《おおやまつみのかみ》の娘」ということは、櫛名田比売《くしなだひめ》にとっては叔母にあたる人。「ス

来、縁結びの神として信仰を集め、鏡の池では縁の遅速がわかる縁占いをする女子多数
※6　稲田神社→P84
※7　須佐神社→P82

サちゃんったら、そりゃないよ！」と思いますが、これが時代の違いであり、権力者の常というものでもあるのでしょうね。

その叔母さんが産んだ大年神《おおとしのかみ》は兄弟神である宇迦之御魂神《うかのみたまのかみ》、また御子神である御年神《みとしのかみ》とともに、穀物守護の神様とされています。

宇迦之御魂神《うかのみたまのかみ》はズバリお稲荷さん。京都の伏見稲荷大社※8を筆頭に、全国の稲荷社の数だけでも約三万社。町の小さな祠なども入れたら、何社になるか見当もつかないといわれ、「もっとも信奉者の多い信仰形態」ともされています。

本妻（？）・櫛名田比売《くしなだひめ》の子、八島士奴美神《やしまじぬみのかみ》は残念ながら、それほどメジャーにはなっていませんが、この子から数えて五代後に、次の主役となる大国主神《おおくにぬしのかみ》が誕生するのです。

須佐之男命《すさのおのみこと》の系図

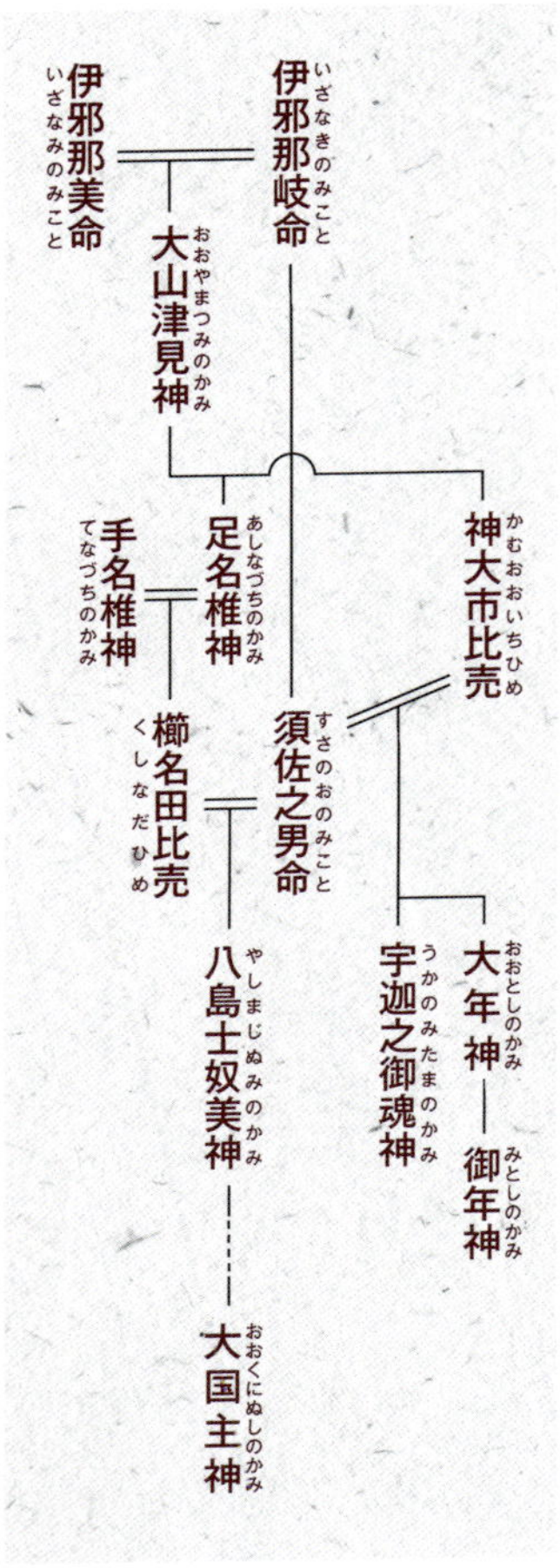

※8 伏見稲荷大社→P84

神話めぐりの旅の手帖……………2

高天原を統治する最高神である
天照大御神とその弟、須佐之男命。
乱暴者だった須佐之男命は
やがて日本神話上屈指のヒーローに。
彼が人々に愛され、敬われた証が
今も全国に残っています。

八坂《やさか》神社

P53

京都・四条通りを見下ろす西楼門。創祀は社伝によると、三十七代斉明天皇二年(六五六)。祇園祭は貞観十一年(八六九)、全国に天変地異や疫病が流行したため行った祇園御霊会を起源としています。

◉[主祭神] 素戔嗚尊《すさのおのみこと》、櫛稲田姫命《くしいなだひめのみこと》、八柱《やはしら》御子神　🏠京都府京都市東山区祇園町北側625　☎075・561・6155　京阪祇園四条駅より徒歩8分

境内には、二つの摂社、二十七の末社があり、素戔嗚尊の御子神の他、この本で紹介しているほぼすべての神様にお参りできるといえるほど、たくさんの神様がお祀りされています

氷川《ひかわ》神社

P54

日本武尊《やまとたけるのみこと》が東征の折に祈願されていたり、徳川家康から朱印地三百石が寄進されるなど、武人からの尊崇が篤い古社。明治天皇により武蔵国の鎮守とされました

五代孝昭天皇の御世の創祀。出雲大社(当時は杵築大社《きづきのおおやしろ》)を勧請し、「氷川」という社名も出雲の斐伊川から取ったのだとか。また、明治天皇の御親祭以降は勅祭社に列せられ、八月一日の例祭には勅使差遣、「東游」の奉奏があります。参道のケヤキ並木も見事です。武蔵国一宮。

◉[主祭神] 須佐之男命《すさのおのみこと》、稲田姫命《いなだひめのみこと》、大己貴命《おおなむちのみこと》　🏠埼玉県さいたま市大宮区高鼻町1・407　☎048・641・0137　JR埼京線大宮駅より徒歩20分

津島《つしま》神社

P54

織田信長、豊臣秀吉からの崇敬が篤かったことを受け、江戸時代には尾張藩主から社領千二百九十三石を認められました。幕末以後は皇室の祈願所ともなっていました

二十九代欽明天皇元年（五四〇）に、九州の対馬から建速須佐之男命が来臨し、鎮座されたのが起源とされます。全国天王社の総本社であり、毎年七月第四土日に行われる天王祭では、夕闇の中、提灯や燈籠で美しく飾られた祭船が天王川を渡御し幻想的な美しさを見せます。

◉［主祭神］建速《たけはや》須佐之男命、大穴牟遅《おおなむち》命《みこと》　🏠愛知県津島市神明町1　☎0567・26・3216　名鉄津島線津島駅より徒歩10分

須我《すが》神社

P54
P77

『古事記』に素戔嗚尊《すさのおのみこと》が日本で初めての宮を造ったと記される地。奥宮には夫婦と子供のように見える大中小三つの磐座があり、子授けに霊験あらたかとされています。

◉［主祭神］素戔嗚尊《すさのおのみこと》、奇稲田姫命《くしいなたひめのみこと》、清之湯山主三名狭漏彦八島野命《すがのゆやまぬしみなさろひこやしまのみこと》　🏠島根県雲南市大東町須賀260　☎0854・43・2906　JR山陰本線松江駅よりバス20分

素戔嗚尊が「八雲立つ出雲八重垣妻籠みに八重垣作るその八重垣を」と詠んだとされることから「和歌発祥の地」ともされます

須佐《すさ》神社

P54
P79

大社造りの本殿は県の重要文化財指定。天長年間(八二四〜八八三)に現在地に遷座されたと伝えられ、樹齢千三百年の老杉が時を刻んでいます

須佐之男命が自分の御魂を鎮めたと『出雲国風土記』が伝える地。毎年八月に行われる切明神事の念仏踊りは有名。「須佐神社七不思議」など多くの伝説が残ります。

◉［主祭神］須佐之男命、稲田比売命、足摩槌命《あしなづちのみこと》、手摩槌命《てなづちのみこと》　🏠島根県出雲市佐田町須佐730　☎0853・84・0605　松江自動車道三刀屋・木次ICより車30分

多賀《たが》大社

P55

伊邪那岐大神が鎮まったとされる地に鎮座。特に延命長寿にご利益があるといわれ、豊臣秀吉が母の延命を祈願したことでも知られます。

◉［主祭神］伊邪那岐大神、伊邪那美大神 ⌂滋賀県犬上郡多賀町大字多賀604 ☎0749・48・1101 近江鉄道多賀大社前駅より徒歩10分

毎年四月二十二日に行われる古例大祭（多賀まつり）は鎌倉時代から行われている祭り。多数の騎馬による神幸は一見の価値ありです

宗像《むなかた》大社

P59

境内の高宮斎場は全国でも数少ない古代祭場。その聖なる空間で、現在も祭祀が古式に則って行われます。写真は高宮斎場での月次祭の様子

天照大御神の命により宗像三女神がこの地に降臨されたと伝わります。大島の沖ノ島の沖津宮には田心姫神、大島の中津宮には湍津姫神、この辺津宮には市杵島姫神が祀られています。

◉［主祭神］田心姫神《たごりひめのかみ》、湍津姫神《たぎつひめのかみ》、市杵島姫神《いちきしまひめのかみ》 ⌂福岡県宗像市田島2331 ☎0940・62・1311 JR鹿児島本線東郷駅よりバス20分

嚴島《いつくしま》神社

P60

古来より、神の島とされてきた厳島。そこに鎮座する嚴島神社の創建は推古天皇元年（五九三）。仁安三年（一一六八）、平清盛公の篤い信仰により、現在の社殿規模となりました。平安文化そのままの荘厳な姿で海中にそびえる社殿群、翠の山を背にした景観は筆舌に尽くせぬ美しさです。

◉［主祭神］市杵島姫命、田心姫命、湍津姫命 ⌂広島県廿日市市宮島町1-1 ☎0829・44・2020 JR山陰本線宮島口駅より船10分

毎年五月に行われる御島巡式は、三女神が鎮座の場所を探して浦々をめぐったという伝説に由来しています。平成八年（一九九六）、世界文化遺産に登録されました。安芸国一宮

戸隠《とがくし》神社

▼▼▼ P67

観光ポスターにもよく登場する参道。一度は訪れたい地です

天の岩戸が飛んできて、山になったと伝えられる霊山・戸隠山の麓に鎮座。奥社、中社、宝光社、九頭龍社、火之御子社の五社から成り、地主神である九頭龍大神の他、「天の石屋戸神話」で活躍した神々が祀られています。樹齢四百年になるクマスギが天高く伸びる参道は聖なるエネルギーに満ちています。

◉［主祭神］天手力雄命《あめのたぢからおのみこと》　⌂長野県長野市戸隠3506　☎026・254・2001　JR信越本線長野駅よりバス1時間

稲田《いなだ》神社

▼▼▼ P79

稲田姫をお祀りしており、周辺には、姫が生まれたときに使われた産湯の池などが残ります。

◉［主祭神］稲田姫　⌂島根県仁多郡奥出雲町稲原　☎0854・54・2260（奥出雲観光協会）　JR木次線出雲横田駅より車5分

昭和初期築の社殿は姫神らしい、つつましやかな風情。春は参道の桜が見事です

伏見《ふしみ》稲荷《いなり》大社《たいしゃ》

▼▼▼ P80

社殿は応仁の乱で焼失後、明応八年（一四九九）に再興されたもの。毎年四月下旬から約二週間行われる稲荷祭の起源は平安中期にまで遡ります

稲荷神社の総本宮。和銅四年（七一一）、秦伊呂具《はたのいろぐ》が勅命により三柱の神を祀ったと伝える。稲荷山の麓に本殿があり、山全体が神域となっています。参道の千本鳥居は壮観です。

◉［主祭神］宇迦之御魂大神《うかのみたまのおおかみ》　他四柱（総称して、稲荷大神）　⌂京都府京都市伏見区深草薮之内町68　☎075・641・7331　JR奈良線稲荷駅より下車すぐ

第五章

大国主神《おおくにぬしのかみ》の国づくり

一 稲羽《いなば》の素兎《しろうさぎ》

大国主神《おおくにぬしのかみ》にはたくさんの兄弟神がいましたが、皆退き、国を大国主神《おおくにぬしのかみ》に譲りました。それにはこんな理由があるのです。

兄弟神たちは皆、稲羽《いなば》の八上比《やがみひ》売《め》と結婚したいと思い、稲羽に行くことになりました。そこで、大《おお》穴牟遅神《なむじのかみ》に袋を背負わせ、従者として連れていきました。

気多《けた》の海辺に来ると、皮を剥かれ赤裸になった兎が伏せっていました。兄弟神たちは兎に「この海水を浴びて、風に吹かれて、高い山の頂で横になっていれば治るよ」と言いました。

たくさんの名をもつ大国主神《おおくにぬしのかみ》

有名な『稲羽《いなば》の素兎《しろうさぎ》』の神話はこんな書き出しではじまります。「白兎」ではなく、「素兎」※1と書いて「しろうさぎ」なのですね。

ここで「大穴牟遅神《おおなむじのかみ》」とされているのが、大国主神《おおくにぬしのかみ》。ここまでも名前では散々面倒くさいことになっている『古事記』ですが、大国主神《おおくにぬしのかみ》はその最たるもの。『古事記』もそう思ったらしく、「大国主神《おおくにぬしのかみ》。またの名は大穴牟遅神《おおなむじのかみ》といい、またの名は葦原色許男神《あしはらしこおのかみ》といい、またの名は八千矛神《やちほこのかみ》といい、またの名は宇都志《うつし》国玉神《くにたまのかみ》といい、あわせて五つの名があります」という説明を入れています。

「国を治める大いなる神」という意味をもつ大国主神《おおくにぬしのかみ》という名にたどり着くまで、大国主神《おおくにぬしのかみ》はさまざまな困難に遭い、それを乗り越えるごとに新たな名を得ていくのです。

最初の困難は、たくさんの兄弟神たち。

絶世の美女との誉れ高き八上比売《やがみひめ》に求婚するため、兄弟神たちは稲羽（現在の鳥取県東部）へ向かいます。そこで、大国主神《おおくにぬしのかみ》は荷物持ちとして連れていかれるのです。

七福神の中で「大黒様《だいこくさま》」として親しまれている大黒天。我が国では、この大国主神《おおくにぬしのかみ》でもあるのです。大黒様の像や絵を見ると、どれも大きな袋を担いで

※1 素兎
中には「〝しろ〟とは読まず、何か他の意味があるのかも……」なんていう説もあります

いませんか？

大黒天は、もとは「マハーカーラ」と呼ばれるインドの神様。このマハーカーラも手には袋をもっているのです。

大国主神《おおくにぬしのかみ》の「大国」は「だいこく」と読むことができ、また袋を担いだイメージも重なることから、両者が一体となっていったのでしょうね。

縁結びの神様になった兎

兄弟神の言うとおりにした兎は、浴びた海水が乾き、風に吹かれるたびに皮膚が裂けるというとんでもない状況になってしまいます。

痛み苦しみ泣いている兎のところへ、ようやく大国主神《おおくにぬしのかみ》がやってきます。そして、どうして泣いているのか尋ねると、兎はことのいきさつを語るのです。

「私は隠岐の島に住んでいて、こちらに渡ろうとしても渡る方法がありません。そこで海のワニ※2を『私とあなたとどちらの一族が多いか数えよう。あなたの一族を全員集めてきて、この島から気多《けた》まで並ばせるんだ。私がその上を走って数えよう』といって騙しました。ワニがそのとおりに並んだので、その上を渡ってこちら側に着いたのですが、つい『やーい、騙されたな！』と言ってしまい、最後に並んでいたワニに捕まって皮をはがれてしまったのです」

※2 ワニ
兎は「ワニ」と言っていますが、実は鮫だと考えられています。東京スカイツリーにある「すみだ水族館」には平成二十四年現在、「シロワニ」という白い鮫

大国主神と稲羽の素兎

兎が兄弟神たちにもひどい目に遭わされたことを告げると、大国主神《おおくにぬしのかみ》は「急いで河口に行って、真水でお前の体を洗いなさい。そして水門にある蒲黄《がまのはな》を取って、それを敷いた上に寝転がりなさい」と教えるのです。

兎が言うとおりにすると傷はすっかりよくなり、兎神であるこの兎は「あなたの兄弟神たちは八上比売《やがみひめ》とは結婚できません。あなたが結婚するでしょう」と予言します。

この神話の舞台となった気多は今の鳥取県。鳥取空港近くにあり、その名も白兎《はくと》海岸といいます。白い砂浜が兎を思わせる、美しい海岸です。

それを見下ろす小高い丘の上には白兎神社《はくとじんじゃ》※3があります。御祭神はもちろん兎、白兎大明神《はくとだいみょうじん》という立派な神名を戴いています。

小さな神社ですが、神話にちなみ古くから皮膚病や火傷に効くと信仰されてきたそうです。もっとも最近は、大国主神《おおくにぬしのかみ》と八上比売《やがみひめ》の幸せな未来を予言した「縁結びの神」として、恋愛成就を祈願しに訪れる女性が多いそうですが。

一方、兎がそんな力をもっているとも知らず、ひどい目に遭わせてしまった兄弟神たち

がいます。当時の出雲地方には鮫が多く生息していたらしく、鮫が描かれた土器も発掘されています

※3 白兎神社
創祀年代不詳。鎮座する場所は兎が体を乾かしたと伝わる身干山《みぼしやま》。白兎海岸が一望できます。境内には兎が体を洗った御身洗池《みたらしいけ》もあります

は、ひと足先に八上比売《やがみひめ》のもとに着き、彼女に求婚します。

ところが、八上比売《やがみひめ》の答えは「私はあなたたちの言葉は聞きません。大穴牟《おおなむ》遅神《じのかみ》と結婚しようと思います」というものでした。

ここからの兄弟神たちの行動のえげつないことったらありません。「女より男の嫉妬のほうが恐ろしい」といいますが、この神話を読むと「そうかもしれない……」と思ってしまいます。

大国主神《おおくにぬしのかみ》の苦難が本格的にはじまるのです。

兄弟神たちの嫉妬

兄弟神たちは怒り、大穴牟遅神《おおなむじのかみ》を殺そうと計画しました。

そして伯伎《ほうき》の国の手間《てま》の山の麓に行くと、大穴牟遅神《おおなむじのかみ》に「この山には赤い猪がいる。私たちが山の上から追うので、お前はここで待っていてそれを捕まえるのだ。もし捕まえられなければ、必ずお前を殺す」と言ったのです。

兄弟神たちは猪に似た大きな石を火で焼いて、山の上から転がし落としました。言いつけどおり、この巨大な焼け石を山の下で受け止められた大穴牟遅神《おおなむじのかみ》は、石に焼かれて死んでしまわれました。

大国主神と兄弟神たち１

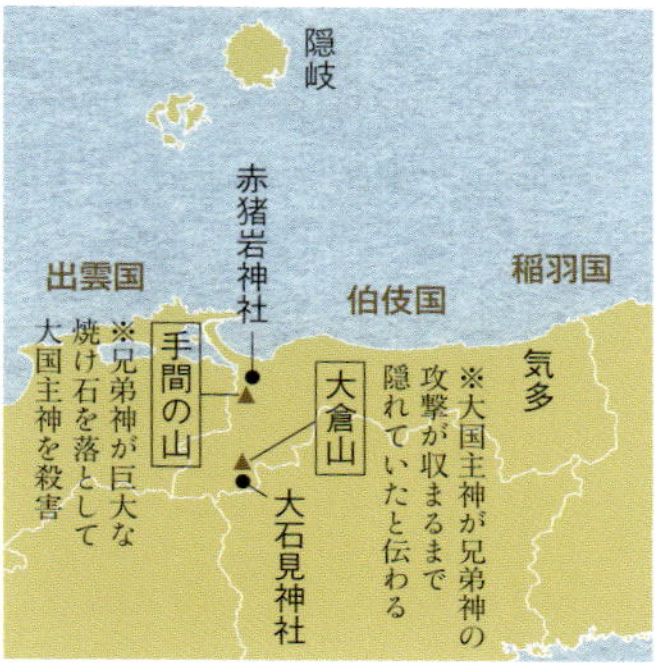

伯伎《ほうき》の国は今の鳥取県西部。手間の山は今の島根県との県境近くにある南部町にあります。「手間要害」として戦国時代には城も築かれた要衝の地です。

ここには現在、赤猪岩《あかいいわ》神社※4という神社があり、大国主神《おおくにぬしのかみ》を焼き殺した大岩が地中に封印されています。

同じく鳥取県日野《ひの》郡の大倉山には、大国主《おおくにぬし》神《のかみ》が兄弟神の攻撃が収まるまで隠れていたとの伝承が残っています。同地に鎮座されている大石見《おおいわみ》神社※5は、その伝承をもとに孝霊《こうれい》天皇が後年、大国主神《おおくにぬしのかみ》をお祀りになったものと伝えられています。

民間療法を伝える神話

こうして命を落とした大国主神《おおくにぬしのかみ》ですが、その死を悲しんだ母神が高天原《たかまのはら》に行き、神産巣日神《かみむすひのかみ》に大国主神《おおくにぬしのかみ》を生き返らせてくれるよう頼みます。

神産巣日神《かみむすひのかみ》は世界のはじまりに現われた「造化三神《ぞうかさんしん》」※6の一柱で、特別に貴い神様。

※4 赤猪岩神社
創祀年代不詳。大国主神がこの後、蘇ることから「再生」や「次なる発展への出立」を祈願する神社といわれています。社殿から徒歩三十分ほどの場所にある清水井は、蛤貝比売《うむぎひめ》が大国主神に塗る薬を溶くために水を汲んだと伝えられ、今も水が湧き出ています

※5 大石見神社
この神社を創建したと伝えられる孝霊天皇は第七代、神話時代の天皇です。境内には樹齢三百年といわれる「上石見のオハツキタイコイチョウ」の巨木もあります

※6 造化三神
天御中主神、高御産巣日神、神産巣日神のこと

「産巣日《むすひ》」という言葉は「結び」の意。高御産巣日神《たかみむすひのかみ》とともに、万物のエネルギーを結び、命を生み出す神様といわれます。

神産巣日神《かみむすひのかみ》は母神の願いを聞き届け、大国主神《おおくにぬしのかみ》のもとに、𧏛貝比売《きさがいひめ》と蛤貝比売《うむぎひめ》を遣わします。𧏛貝比売《きさがいひめ》が削った貝殻の粉に、蛤貝比売《うむぎひめ》の「母《おも》の乳汁《ちしる》」（蛤《はまぐり》の汁）を溶いて塗ったところ、大国主神《おおくにぬしのかみ》は元どおりに回復したと『古事記』は記します。

古来の民間療法として「火傷《やけど》には貝殻の汁が効く」といわれていたそうです。蛤の白濁した汁を母乳に見立て、『古事記』では「母《おも》の乳汁《ちしる》」と記していますが、実際に貝の汁と母乳を混ぜて塗る療法もあるといいます。

また『稲羽の素兎』で、大国主神《おおくにぬしのかみ》が兎に教えた「蒲黄《がまのはな》※7」も民間療法のひとつ。今は「蒲黄《ほおう》」と呼び、直接塗れば止血薬になり、煎じて飲めば利尿作用のある植物とされています。

『古事記』も書き記されるまでは、長く口頭で語り継がれてきました。神々の物語を後世に伝えるだけでなく、物語を通じて、民間療法など、役立つ情報や知恵を伝える役割もあったのでしょうね。

こうしたエピソードから、大国主神《おおくにぬしのかみ》は「医療の神」としての性格ももち合わせています。出雲地方は一畑薬師《いちばたやくし》※8など薬師如来を祀る寺院が多いことでも知られ、それも大国主神《おおくにぬしのかみ》への信仰と無関係ではないといわれています。薬師如来は

※7　蒲黄
うなぎの蒲焼の「蒲」の語源はこの花。うなぎのぶつ切りを串に刺した姿が蒲の花に似ていたところからきたのだそうです

※8　一畑薬師
平安時代の創建。『ゲゲゲの鬼太郎』などの作者、水木しげるに多大な影響を与えた「のんのんばあ」が熱心に信仰していたことで知られ、境内には二人のブロンズ像も建っています

医薬を司る仏様。医療の神として大国主神《おおくにぬしのかみ》を信仰してきた土地柄としては受け入れやすかったのではと考えられているのです。

こうして元気になった大国主神《おおくにぬしのかみ》。しかし、兄弟神たちが黙っているわけはありません。

大国主神《おおくにぬしのかみ》をまた騙して山へと連れて行くと、今度は大木を割った間に追い込み、挟み殺してしまうのです。

大屋毘古神《おおやびこのかみ》の助け

母神は泣きながら大穴牟遅神《おおなむじのかみ》を見つけ出されると、木を折って救い出し、生き返らせました。

そして「あなたがここにいたら、兄弟神たちに滅ぼされてしまうでしょう」とおっしゃって、木国《きのくに》の大屋毘古神《おおやびこのかみ》のところへお逃がしになったのです。

兄弟神たちが追いかけてきて、大穴牟遅神《おおなむじのかみ》を弓矢で射抜こうとされましたが、大屋毘古神《おおやびこのかみ》は大穴牟遅神《おおなむじのかみ》を木の股の間からこっそりお逃がしになり、「須佐之男命《すさのおのみこと》のいらっしゃる根《ね》の堅州国《かたすのくに》に行きなさい。須佐之男命《すさのおのみこと》が必ずよいように取り計らってくれるでしょう」とおっしゃいました。

母神が大国主神《おおくにぬしのかみ》を逃がした木国とは今の和歌山県。大屋毘古神《おおやびこのかみ》は伊邪那美命《いざなみのみこと》

✤大国主神と兄弟神たち２

から生まれた神様で、木の神様、ひいては家屋の神様とされています。

一方、須佐之男命《すさのおのみこと》の御子神として、京都の八坂神社はじめ多くの神社に須佐《すさ》之男命《のおのみこと》とともに祀られていることから、五十猛命《いたけるのみこと》と同神であるともいわれます。『八俣大蛇』のところに出てきましたが、五十猛命《いたけるのみこと》は木の種を日本国中に蒔いて歩いた神様。「木の神様」とされることで、大屋毘古神《おおやびこのかみ》と「同質」になってしまったためと考えられます。

五十猛命《いたけるのみこと》は木国、和歌山県を本拠地にしていたようで、和歌山市の伊太祁曽《いたきそ》神社※9をはじめ和歌山県を中心に多くの神社に祀られています。

さて、伊邪那美命《いざなみのみこと》を葬った場所として、熊野《くまの》が出てきたのを覚えていますか？　ここでは、その熊野が根《ね》の堅州国《かたすくに》への入り口としてとらえられています。

熊野（和歌山県、三重県に

※9　伊太祁曽神社
紀伊国一宮。和銅六年（七一三）、現在の地に鎮座。それ以前より信仰されていて、現在「亥の森」と呼ばれる地が旧社地です。大屋毘古神が木の俣から大国主神を逃がした神話にちなみ、御神木の空洞部分をくぐると厄除けになるという「木の俣くぐり」が有名です

またがる）も出雲と同様、根の堅州国、そして黄泉《よみ》の国につながっていると考えられていました。

古来、熊野は「神様がおこもりになる辺境の地」、または「死者が集まる地」と考えられていました。

平安時代から、天皇や貴族、平氏や源氏など武士たちの間にも流行した「熊野詣で」は黄泉の国へ行き、新しい命をいただいてくること、「黄泉がえり（蘇り）」ともいわれていたのです。現在の「パワースポット」なんて言葉とは対極の重さが伝わってきます。

こうして、兄弟神の執拗な攻撃から、なんとか逃げのびた大国主神《おおくにぬしのかみ》ですが、根の堅州国ではまた新たな困難が待ち構えているのでした。

二

大国主神《おおくにぬしのかみ》の結婚

大屋毘古神《おおやびこのかみ》の言葉どおり、大穴《おおな》牟遅命《むじのみこと》が須佐之男命《すさのおのみこと》のもとへいらっしゃると、その娘の須勢理毘《すせりび》売《め》が出てこられました。二柱は目と目を見合わせると、すぐに心を通わせ、結婚されました。

須勢理毘売《すせりびめ》は大穴牟遅命《おおなむじのみこと》を父である大神のもとへ連れて行かれると、大神は「この男は葦原色許男《あしはらのしこお》という男だ」とおっしゃり、大穴牟《おおなむ》遅命《じのみこと》を蛇の部屋で寝かせました。

妻の須勢理毘売《すせりびめ》は蛇を追い払う呪力をもった領巾《ひれ》を夫に渡したので、大穴牟遅命《おおなむじのみこと》はぐっすりとお休みになられました。

大国主神《おおくにぬしのかみ》と須勢理毘売《すせりびめ》の恋

「葦原色許男《あしはらのしこお》」という大国主神《おおくにぬしのかみ》の新しい名前が出てきました。「しこ」という音に「色許」をいう漢字を当てていますが、これは「醜」と同じこと。

古代の「醜」は褒め言葉であるそうで、「葦原中国《あしはらのなかつくに》のいい男」という意味と考えられています。須佐之男命《すさのおのみこと》の大切な娘である須勢理毘売《すせりびめ》が、ひと目で恋に落ちてしまったわけですからね。

そうです、大国主神《おおくにぬしのかみ》の新たな困難とは、義理の父となる須佐之男命《すさのおのみこと》。とはいえ、大国主神《おおくにぬしのかみ》は須佐之男命《すさのおのみこと》の六代後の孫にあたるのですが……。まあ、そのへんはよしとしましょう。

須佐之男命《すさのおのみこと》は大国主神《おおくにぬしのかみ》を試す※1ために「蛇の部屋」で寝かせます。大国主神《おおくにぬしのかみ》が須勢理毘売《すせりびめ》にもらった、蛇を追い払う呪力をもった領巾《ひれ》のおかげで「蛇の部屋」で無事一夜をすごすと、須佐之男命《すさのおのみこと》は次に「むかでと蜂の部屋」に大国主神《おおくにぬしのかみ》を入れるのです。大国主神《おおくにぬしのかみ》はここでも、須勢理毘売《すせりびめ》によって救われます。

さらに、須佐之男命《すさのおのみこと》は大国主神《おおくにぬしのかみ》に野原に射た矢を取ってくるように命じ、周りから火を放ちます。迫り来る炎！　絶体絶命の大国主神《おおくにぬしのかみ》のもとへ、一匹のねずみがやってきて、穴に隠れることを教えてくれるのでした。

こうして大国主神《おおくにぬしのかみ》は、無事に試練をクリアしていくのです。

※1　大国主神を試す
この時代、「末子相続」といい、男女関係なく末っ子が家督を継いでいたようです。須勢理毘売はその末っ子。娘も国も渡すことになる須佐之男命としては、よっぽどの男でなければ許せなかったに違いありませんよね

大国主神《おおくにぬしのかみ》の作戦

火攻めからも逃れ、無事に館に帰ってきた大国主神《おおくにぬしのかみ》。さすがの須佐之男命《すさのおのみこと》も大国主神《おおくにぬしのかみ》のことを認めたのか、自分の部屋に招き入れると、今度は頭のシラミを取るように命じます。「認めた」と見せかけて、まさかの試練続行です。

さらにはその髪の間にはたくさんのムカデがウヨウヨと這っていました。大の男でも「キャー」と言ってしまいそうな光景です。

そこに須勢理毘売《すせりびめ》がムカデによく似た赤紫色をしたムクの実と赤土をそっと持ってきました。大国主神《おおくにぬしのかみ》はムクの実と赤土を何度も口に含み、ペッと吐き出しました。

須佐之男命《すさのおのみこと》は大国主神《おおくにぬしのかみ》がムカデを食いちぎっているのだと勘違いし、「うい奴じゃ」とばかり、すっかり安心して寝込んでしまうのです。

ここからの大国主神《おおくにぬしのかみ》はなかなかの知恵者です。須佐之男命《すさのおのみこと》の髪の毛を部屋の垂木《たるき》※2ごとに結びつけ、大きな岩で部屋の入り口を塞ぎ、須勢理毘売《すせりびめ》を連れて逃げることにしたのです。しかも、須佐之男命《すさのおのみこと》が大切にしている「生大刀《いくたち》」「生弓《いくゆみ》矢《や》」「天《あめ》の詔琴《のりごと》」も持っていこうとしました。

ところが、慌てていたのでしょう。「天の詔琴」が樹に当たってしまい、大地が揺れるほどの大きな音で鳴り響いたのです。

※2 垂木
屋根板を支えるために柱と柱の間に渡す木材のこと

須佐之男命《すさのおのみこと》の許し

大神はその音に驚いて飛び起き、その部屋を引き倒されました。けれども垂木に結び付けられた髪を解く間に、大穴牟遅神《おおなむじのかみ》と須勢理毘売《すせりびめ》は遠くにお逃げになってしまいました。

大神は黄泉比良坂《よもつひらさか》まで追いかけてこられ、遥か遠くの大穴牟遅神《おおなむじのかみ》へ呼びかけられました。

「お前が持っていった生大刀《いくたち》、生弓矢《いくゆみや》で、お前の兄弟神たちを坂の下まで追い伏せ、河の瀬に追い払うのだ。そして、お前が大国主神《おおくにぬしのかみ》となり、また宇都志国玉神《うつしくにたまのかみ》となって、我が娘の須勢理毘売《すせりびめ》を后《きさき》としろ。宇迦能山《うかのやま》の麓に地中深く太い立派な柱を立て、高天原《たかまのはら》に届くほど千木《ちぎ》を高く立てて宮殿を造り、そこで国を治めよ。こいつめ！」

大国主神《おおくにぬしのかみ》はその生大刀、生弓矢で、兄弟神たちを坂の際まで追い伏せ、河の瀬まで追い払って、国をおつくりになりました。

大国主神《おおくにぬしのかみ》が須佐之男命《すさのおのみこと》のところから持ち出した「生大刀《いくたち》」「生弓矢《いくゆみや》」は政治的支配力、「天《あめ》の詔琴《のりごと》」は宗教的支配力を意味しているといわれています。

琴[※3]という名はそもそも「詔《みことのり》」からきたといわれ、古来より日本人にとっては神様からのメッセージ、また神様にこちらの思いを伝える、宗教的な意味あい

※3 琴
琴といっても現在、私たちが思い描く琴とは違うものです。私たちが思い描く琴は奈良時代に大陸から渡来したもの。対して、神話に

をもつ楽器でした。
こうして政治的、宗教的支配力を手にした大国主神《おおくにぬしのかみ》にようやく「大国主《おおくにぬし》」という名前が与えられます。もうひとつの名「宇都志国玉神《うつしくにたまのかみ》」とは「現実世界に恵みをもたらす神」との意味。
国を治める者は外敵から民を守る武力をもち、神とつながる宗教的な力をもっていることはもちろん、農耕や産業を発展させる知恵ももち、民に恵みを与える者、とされていたのですね。
須佐之男命《すさのおのみこと》や大国主神《おおくにぬしのかみ》はそんなリーダーだったからこそ、今もこうして篤く信仰されているのでしょう。

宇迦能山《うかのやま》はどこにある？

さて、須佐之男命《すさのおのみこと》が「宮殿を建てよ」と言った「宇迦能山《うかのやま》の麓」はいったいどのあたりを指すのでしょう？

諸説ありますが、現在の島根県、出雲大社周辺という説が有力なようです。

須佐之男命《すさのおのみこと》に続き、大国主神《おおくにぬしのかみ》が国づくりを行った出雲国。その東端は現在の美保関《みほのせき》、西端は多岐《たき》町あたりまでと、広さとしては現在の島根県の半分ほど。

古来、日本人にとって、東は「太陽の昇る方角」、西は「太陽の沈む方角」と

登場する琴は「和琴《わごん》」と呼ばれ、日本で誕生したもの。現在も雅楽や神楽に用いられています

して、物事のはじまりと終わり、陽と陰の関係で考えられていました。

出雲につきまとう「黄泉《よみ》の国」のイメージ、その一因がまさにこの方角と関係があるのです。

大和朝廷のある奈良から見たとき、出雲国は西の方角。太陽の沈む方角であり、物事の終わり、それはそのまま「死」や「黄泉の国」を連想させるものだったのです。

この方角観とでもいうべきものは、そのまま出雲国内でも当てはまります。美保関は太陽の昇る方角、出雲大社のある杵築《きつき》は太陽の沈む方角。「黄泉の国の入り口」と考えられていた猪目洞窟《いのめどうくつ》もこの西部にあります。

そう考えたとき、須佐之男命《すさのおのみこと》のいう「宇迦能山《うかのやま》の麓」を出雲国の西部に当たる杵築《きつき》としていいものか？　新たなる強い大きな国をつくる最初の一歩とするのなら、東部を選んだほうがいいのでは？などと思ってしまいます。

「宇迦能山」の「ウカ」は「食物を総称する言葉」※4ともいわれます。とすれば、「宇迦能山の麓」は特定の場所を指すのではなく、「稲作に向いた、恵まれた土地」ととらえることもで

大国主神期の出雲国の範囲

※4　食物を総称する言葉
須佐之男命と神大市比売の子、宇迦之御魂神が食物の神とされるのもそのためです。また、「ウケ」「ケ」という言葉も同様。豊受大御神、保食神、大気津比売など食物をつかさどる神は皆、この言葉（音）が入っています

きるのかもしれません。

神々の愛の歌と大国主神の妻子たち

国づくりをはじめた大国主神《おおくにぬしのかみ》は、稲羽の八上比売《やがみひめ》も出雲へ連れてきて、結婚します。当然のように、一夫多妻制。『古事記』には「ちゃんと約束を守って、八上比売《やがみひめ》とも結婚しました」と、大国主神《おおくにぬしのかみ》があたかも「いいこと」をしたかのように記されています。現代に生きる我々には不思議な感覚ですね。

しかし、正妻である須勢理毘売《すせりびめ》は当然のように気分を害していたようで、八上比売《やがみひめ》は大国主神《おおくにぬしのかみ》の子を生むと、その子を木の俣に挟んで、稲羽に帰ってしまったと伝えられています。

現在、島根県簸川《ひかわ》郡斐川《ひかわ》町にある御井《みい》神社※5は、稲羽に帰る途中、八上比売《やがみひめ》が産気づき出産した場所と伝えられており、境内にはその際に産湯に使ったという三つの井戸が残されています。

めげない大国主神《おおくにぬしのかみ》は、次は高志国《こしのくに》の沼河比売《ぬなかわひめ》に夢中になります。

高志国は現在の北陸地方。出雲から北陸へ、海路とはいえ結構な距離。「オオちゃんったら……」と言いたいところですが、高志国は翡翠の原産地でもあったということで、大国主神《おおくにぬしのかみ》の目的は沼河比売《ぬなかわひめ》だけではなかったようです。

※5　御井神社
『出雲国風土記』にも記される古社。三つの井戸は今も水が湧き、島根県歴史名水に選ばれています

『古事記』のこの段は突如、ミュージカルのような様相を見せます。沼河比売《ぬなかわひめ》のもとを訪ねた大国主神《おおくにぬしのかみ》は戸の前に立ち、「高志国に賢く美しい姫がいると聞き、結婚を申し込みに参りました」と歌うのです。

対して、沼河比売《ぬなかわひめ》も戸の内側から「今はまだ決心できないけれど、きっとあなたのものになるわ。白い腕、淡雪のような柔らかい胸をそっと叩いて……」と、なかなか情熱的な歌を返します。

この歌のやりとりは「神語《かみがたり》」といわれ、倭国《やまとのくに》へ行こうとした大国主神《おおくにぬしのかみ》を須勢理毘売《すせりびめ》が色じかけで引き止める歌も記されています。

こうして、正妻・須勢理毘売《すせりびめ》の目を盗みつつ（？）、大国主神《おおくにぬしのかみ》はたくさんの姫との間に子をもうけました。

『古事記』に記されている以外にも、島根県雲南市朝山町は大国主神《おおくにぬしのかみ》が寵愛し、毎朝通った姫がいたため、「朝山の郷」と呼ばれるようになったと伝えられ、眞玉著玉之邑日女命《またまつくたまのむらひめのみこと》というその姫を祀った朝山神社《あさやま》※6も残されています。叩けばまだまだホコリは出てきそうです。

『古事記』に記されている妻の中には、宗像大社の奥津宮に鎮座する多紀理毘売命《たきりびめのみこと》の名も見えます。

天照大御神《あまてらすおおみかみ》と須佐之男命《すさのおのみこと》の娘である姫をどうやってゲットしたかは謎ですが、国を大きくしていくために重要なポイントを大国主神《おおくにぬしのかみ》が戦略的に押さえていっ

※6 朝山神社
朝山森林公園がある宇比多伎山の頂上に鎮座。全国の神様が出雲大社に集まるという神在祭。神様はまずここに立ち寄ってから、出雲大社へ向かわれるともいわれています

✤大国主神《おおくにぬしのかみ》と主な妻子たち

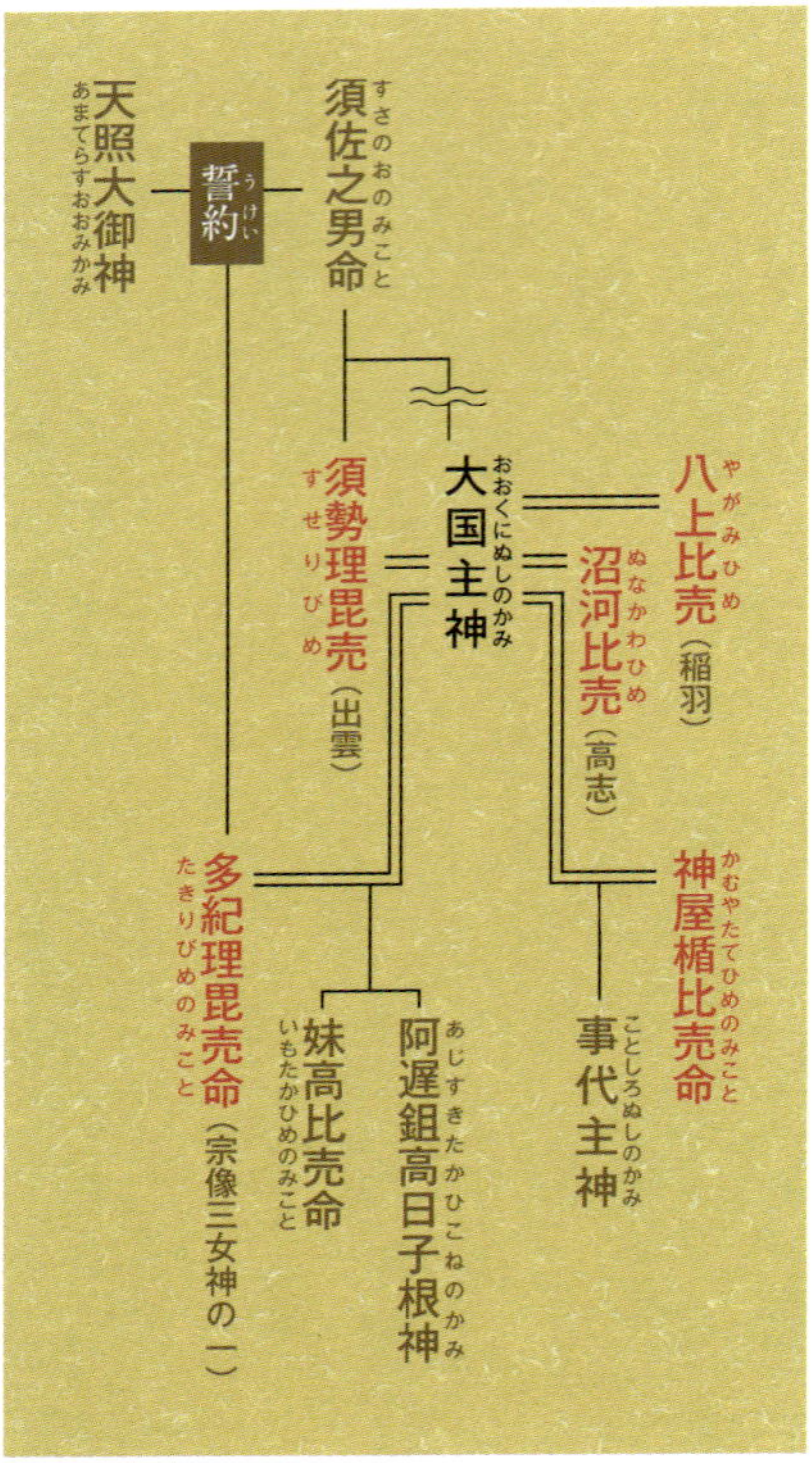

たことは確かなようです。

多紀理毘売命《たきりびめのみこと》は阿遅鉏高日子根神《あじすきたかひこねのかみ》と、妹高比売命《いもたかひめのみこと》を生み、神屋楯比売命《かむやたてひめのみこと》は、事《こと》代主神《しろぬしのかみ》を生んだと『古事記』は伝えます。いずれもこの後の神話に登場してくる重要な神様です。

それにしても、この大国主神《おおくにぬしのかみ》のモテ男ぶり、須勢理毘売《すせりびめ》の苦悩はいかばかりでしょう……。

『古事記』は「其の神の嫡后《おおきさき》須勢理毘売命《すせりびめのみこと》、甚《いた》く嫉妬為《うはなりねたみし》たまひき」と記しています。一夫多妻が当たり前の時代でも、こういう記述があることがなんとも人聞くさく、また須勢理毘売《すせりびめ》の苦悩の深さを物語ってもいるようです。
大国主神《おおくにぬしのかみ》を祀る神社の代表格といえば、出雲大社。※7 その本殿瑞垣《みずがき》内に、須勢《すせ》理毘売《りびめ》もともに祭られています。

ところが、同じ瑞垣内には多紀理毘売命《たきりびめのみこと》や大国主神《おおくにぬしのかみ》を生き返らせた𧏛貝比売《きさがいひめ》と蛤貝比売《うむぎひめ》も祀られているのですね。

並びを見ると、須勢理毘売《すせりびめ》を祀る御向社《みむかいのやしろ》と多紀理毘売命《たきりびめのみこと》を祀る筑紫社《つくしのやしろ》が大国《おおくに》主神《ぬしのかみ》を祀る本殿を挟む形になってはいるのですが、大国主神《おおくにぬしのかみ》は稲佐の浜のほうを向いて※8祀られているといわれており……。

それが事実となると、須勢理毘売《すせりびめ》にお尻を向け、多紀理毘売命《たきりびめのみこと》のほうを向いていることになってしまうのです。

「縁結びの神」として名高い出雲大社ですが、須勢理毘売《すせりびめ》の歯ぎしりが聞こえてくるようで、私などはいつもドキドキしてしまいます。多分に余計なお世話でしょうけどね。

その他、全国的に見ても、大国主神《おおくにぬしのかみ》と一緒に祀られているのは、須勢理毘売《すせりびめ》よりも多紀理毘売命《たきりびめのみこと》のほうが圧倒的に多いようで……。夫婦の間ことは当人たちにしかわからないといいますが、大国主神《おおくにぬしのかみ》、須勢理毘売《すせりびめ》、多紀理毘売命《たきりびめのみこと》の三柱の間には、いったいどんなドラマが展開していたのでしょうか。

※7 出雲大社→P134

※8 稲佐の浜のほうを向いて
拝殿前で手を合わせる参拝者に対しても、大国主神は横を向いている状態ということ。その他、「二礼四拍手一礼」（通常は、二礼二拍手一礼）や拝殿の注連縄の張り方が逆など、出雲大社には謎が多いのです

三 国づくり

大国主神《おおくにぬしのかみ》が出雲の御大《みほ》の御前《みさき》にいらっしゃるとき、天《あめ》の羅摩船《かかみぶね》に乗り、ヒムシの皮をまとった小さな神様がやってこられました。

名前を尋ねてもお答えにならず、お供の神々に聞いても、皆、知りません。ヒキガエルが「久延毘古《くえびこ》なら必ず知っているだろう」と言ったので、久延毘古に尋ねると「これは神産巣日神《かみむすひのかみ》の御子で、少名《すくな》毘古那神《びこなのかみ》です」と答えました。

神産巣日神《かみむすひのかみ》に尋ねると「確かに我が子だ。葦原色許男命《あしはらのしこおのみこと》と兄弟となって、この国を作り堅めよ」とおっしゃいました。

国づくりに奔走する大国主神《おおくこぬしのかみ》

大国主神《おおくにぬしのかみ》と強力タッグを組むことになる少名毘古那神《すくなびこなのかみ》の登場シーンです。葦《あし》原色許男命《はらのしこおのみこと》とは、大国主神《おおくにぬしのかみ》のこと。このとき、大国主神《おおくにぬしのかみ》は出雲国の東端、御大《みほ》の御前《みさき》（現在の美保関《みほのせき》）にいます。

「あら、やっぱり東部で国づくりをはじめたということかしら？」と思えば、『日本書紀』には「五十狭狭《いささ》の小汀《おはま》にいたとき」（島根県西部の稲佐《いなさ》の浜）という一書もあり……。

さらには、島根県の西南部、雲南市三刀屋町《みとやちょう》の三屋《みとや》神社※1には「大国主神《おおくにぬしのかみ》が国づくりをするときに宮を造った」という伝承が残っています。

✣大国主神の出雲国内外の活躍

また西部の大田市の岸壁には、静之窟《しずのいわや》※2という大国主神《おおくにぬしのかみ》と少名毘古那神《すくなびこなのかみ》が仮住まいをして、国づくりの策を練ったと伝わる洞窟もありました。

もっとも、静之窟とされる場所は島根県邑《おお》智《ち》郡の志都岩屋《しずのいわや》神社※3や兵庫県の生石《おうしこ》神社※4など他にもあり、もう西とか東とか関係ないな……という感じです。大国主神《おおくにぬしのかみ》は出雲国中、は

※1　三屋神社
創祀年代不詳。大己貴命が正妻・須勢理毘売《すせりびめ》と暮らした宮があった地です。神社の後ろにある高丸山は須勢理毘売の陵墓との説も

※2　静之窟（静間神社）
島根県大田市静間町の海岸にある洞窟が静之窟《しずのいわや》とされ、長く二柱を祀っていましたが、延宝二年（一六七四）に高波により崩壊。近くに遷座され、静間神社となっています

※3　志都岩屋神社
御神体である鏡岩は古来、この岩に信仰が集まったことが感じられる巨岩。「岩屋の薬清水」と呼ばれる名水が湧き出ています

※4　生石神社
社伝によれば、国づくりのとき、大穴牟遅《おおなむち》、少毘古那がこの地に石の宮殿を造ろうとしたところ反乱を受け、巨岩だけが残されたといいます

ては出雲国外までも飛びまわって、国づくりに奔走したのです。

そんな大国主神《おおくにぬしのかみ》の足跡は、北陸にも残っています。

富山県高岡市にある気多《けた》神社※5には、沼河比売《ぬなかわひめ》とともに主祭神として大国主神《おおくにぬしのかみ》が祀られています。

大国主神《おおくにぬしのかみ》が祀られている神社は、同じく富山県東砺波《となみ》郡の高瀬神社※6、石川県羽咋《はくい》市の気多大社※7、新潟県上越市の居多《こた》神社※8など、いずれも北陸の「一宮《いちのみや》※9」でもある古社が名を連ねるのです。

これは大国主神《おおくにぬしのかみ》がこの地を平定したことに由来するもの。石川県の気多大社では「平国祭《へいこくさい》※10」という、そのものズバリの神事も現代に伝えられています。

このように、大国主神《おおくにぬしのかみ》は領土を広げ、その土地の民を潤わせ、まさに「大いなる国の主」となっていったのですね。

少名毘古那神《すくなびこなのかみ》と久延毘古《くえびこ》

大国主神《おおくにぬしのかみ》がそれほどの活躍ができたのも、少名毘古那神《すくなびこなのかみ》の協力があったからこそかもしれません。

「天《あめ》の羅摩船《かかみぶね》※11」に乗り、火に集まる小さな蛾の皮をまとった神様。一寸法師を思い起こさせる、この小さな神様は知恵の神様であり、医療、農耕、酒造の神

※5　気多神社→P134

※6　高瀬神社→P135

※7　気多大社→P135

※8　居多神社→P135

※9　一宮
国司（国から派遣される地方を管理するための役人）が赴任先で一番格の高い神社を、朝廷からの供え物などを一番に届ける神社として定めたもの

※10　平国祭
気多大社によれば「大国主神が能登の国を大変御苦労されて、御開拓になった御神蹟を偲び、その神恩を感謝し、広大無辺なる御神徳を仰ぎまつる古式を伝える由緒のある特殊神事」とされています

※11　天の羅摩船
「羅摩」とはガガイモのこと。十㎝ほどの実をつける、つる性の多年草です。その実を二つに割ると、殻が小船のような形をしているのだとか

様としても信仰されています。きっと海の向こうからやってきて、さまざまな技術を日本にもたらした人物だったのでしょう。

少名毘古那神《すくなびこなのかみ》は、全国にある少彦名神社、※12 また京都の五條天神宮※13に主祭神として祀られています。大国主神《おおくにぬしのかみ》と一緒に祀られていることも多く、二柱が手を取り合って、国づくりに励んだことが伝わってくるのです。

茨城県大洗町にある大洗磯前《おおあらいいそさき》神社※14の縁起もそのひとつ。その昔、大洗の磯前に大国主神《おおくにぬしのかみ》と少名毘古那神《すくなびこなのかみ》が現われ、「昔、国をつくって、東の海に去ったが、今また人々を救うために戻ってきた」と告げたとされ、その地に二柱をお祀りしたとあります。

また、茨城県ひたちなか市にある酒列磯前《さかつらいそさき》神社※15は、二柱とともに現れた怪石をお祀りしたことが創祀とされています。

一方、少名毘古那神《すくなびこなのかみ》の名を唯一知っていた久延毘古《くえびこ》は案山子《かかし》※16であるとされています。雨の日も風の日もじっと田んぼの中に立ち、稲を守ってくれる案山子もまた日本人にとっては大切な神様でした。

さて、大国主神《おおくにぬしのかみ》とコンビを組んで活躍していた少名毘古那神《すくなびこなのかみ》ですが、国づくりがあらかた終わると、常世《とこよ》の国※17へと帰っていってしまいました。

大国主神《おおくにぬしのかみ》が「私一人ではこの国をつくることなんてできない」と嘆いていると、また海の彼方から、神様がやってくるのです。

※12 少彦名神社
安永九年（一七八〇）、五條天神社より分祀されました。「道修町の神農さん」として親しまれています

※13 五條天神宮
延暦十三年（七九四）の平安遷都にあたり、勅命を受けた空海が宇陀（奈良）より勧請したと伝えられます。また天皇が病気になられたり、戦乱などが起きたりしたときは五條天神がその罪を背負い、流罪にされました

※14 大洗磯前神社→P136

※15 酒列磯前神社→P136

※16 案山子
『古事記』には「足は行かねども、ことごとに天の下の事を知れる神なり」と記されており、知恵の神様として信仰されています

※17 常世の国
古代日本人が描いていた海の彼方の理想郷

新しい協力者・大物主神

海を照らしてやってきた神は「私をきちんと祀るならば、一緒に国をつくりましょう」とおっしゃいました。
大国主神《おおくにぬしのかみ》が「それならば、どこにお祀りすればいいのでしょうか?」とお尋ねになると、「私を大和国《やまとのくに》の、周囲を青々とした垣のようにめぐっている山の上に祀るのです」とおっしゃいました。
これが御諸山《みもろやま》の上に祀られている神です。

大和国《やまとのくに》、今の奈良県です。御諸山《みもろやま》は現在の三輪山《みわやま》。大物主神《おおものぬしのかみ》が鎮座されている神の山であり、麓には三輪山を御神体とする大神《おおみわ》神社※18があります。

ここでやってきた神様は大物主神《おおものぬしのかみ》。『日本書紀』の一書には、大物主神《おおものぬしのかみ》が「私はあなたの幸魂奇魂《さきみたまくしみたま》※19です」と大国主神《おおくにぬしのかみ》に答えたというものもあり、大国主神《おおくにぬしのかみ》と大物主神《おおものぬしのかみ》は同一神であるとも考えられています。

ところで、神社には通常本殿と拝殿※20がありますが、大神神社は御神体が三輪山そのものであるため、本殿がありません。拝殿と三輪山の間にこれまためずらしい三ツ鳥居※21があり、そこから三輪山を遥拝する形になっています。三輪山は長らく禁足の地とされてきましたが、現在は摂社の狭井神社《さいじんじゃ》※22でお祓いをしてもらった後、登拝することが許されています。

※18 大神神社→P136

※19 幸魂奇魂
幸魂は獲物や収穫をもたらす力、奇魂は健康をもたらす力などといわれています

※20 本殿と拝殿
御神体が祀られている建物が本殿。参拝者は本殿の前に建つ拝殿から本殿に向かってお参りをします

※21 三ツ鳥居
明神鳥居という一般的な鳥居の左右にひと回り小さい鳥居がくっついたもの

※22 狭井神社→P136

第六章

国譲り

一　天照大御神《あまてらすおおみかみ》の使者

天照大御神《あまてらすおおみかみ》は「この豊葦原之千《とよあしはらのち》秋長五百秋之水穂国《あきのながいほあきのみづほのくに》は、我が御子、正勝吾勝勝速日天忍穂耳命《まさかつあかつかちはやひあめのおしほみみのみこと》の治める国です」と、天忍穂耳命《あめのおしほみみのみこと》を天降《あも》らされました。

天忍穂耳命《あめのおしほみみのみこと》がまず天の浮《う》き橋《はし》に立たれ、様子をうかがうと、豊《とよ》葦原之千秋長五百秋之水穂国《あしはらのちあきのながいほあきのみづほのくに》はひどく騒がしい状態にあるようでした。天忍穂耳命《あめのおしほみみのみこと》は天に帰られると、そう天照大御神《あまてらすおおみかみ》にご報告されました。

そこで高御産巣日神《たかみむすひのかみ》、天照大御《あまてらすおおみ》神《かみ》の命により、八百萬の神々が天《あめの》安河《やすかわ》の河原に集められました。

天照大御神《あまてらすおおみかみ》の攻勢と失敗

大国主神《おおくにぬしのかみ》が精魂こめてつくり上げた国、「葦原中国《あしはらのなかつくに》」。それを天から見ていた天照大御神《あまてらすおおみかみ》は「いい国だから、私の子に治めさせましょう」と、いきなり※1思い立ちます。

「いやいや、いい国だからって、あなたの子に治めさせる理由がわからないよ」と思いますが、この天照大御神《あまてらすおおみかみ》の思いつきから「国譲り」神話につながる物語の幕が切って落とされるのです。

これまで「葦原中国《あしはらのなかつくに》」と表現されていたのが、「豊葦原《とよあしはら》之《の》千秋《ちあき》長《なが》五百秋《いほあき》之《の》水穂《みずほの》国《くに》」という、なんとも長い名前になってしまっています。

これは「千年も五百年も長く久しく稲穂の実る美しい国」という意味。

古代の出雲では、現在の出雲平野の大半がまだ海中にあり、農耕に適した土地が少なかったと考えられているのですが、大国主神《おおくにぬしのかみ》と少名毘古那神《すくなびこなのかみ》は農耕にも力を入れたということが伝えられており、稲穂がたわわに実る美しい国となっていたのでしょうか。さらに近年の発掘調査※2では青銅器などが多数出土し、出雲が独自の高度な文化をもった地域であったことが立証されています。

そこに遣わされることになる天忍穂耳命《あめのおしほみみのみこと》は、後に遣わされる天菩比神《あめのほひのかみ》とともに、須佐之男命《すさのおのみこと》との誓約《うけい》によって生まれた男神です。

※1　いきなり
『古事記』を読んでいても、大物主神がやってきた次に、なぜか須佐之男命と神大市比売の子である大年神の系譜が記され、やはりいきなり冒頭の天照大御神の言葉になっています

※2　近年の発掘調査
昭和五十九年（一九八四）、六十年（一九八五）の神庭荒神谷（かんばこうじんだに）遺跡の発掘調査では、弥生時代に作られた銅剣、銅鐸、銅矛が多数出土しました。特に銅剣はそれまでの総出土数三百本を上回る三五八本。また、それまで銅鐸は近畿地方中心、銅矛は北九州中心に出土していて、それぞれ独自の文化圏と考えられていましたが、それを覆す大発見となりました

はじめに遣わされた天忍穂耳命《あめのおしほみみのみこと》は葦原中国《あしはらのなかつくに》の荒々しい神の多い様子に恐れおおのいて帰ってきてしまいました。

そこで、天照大御神《あまてらすおおみかみ》は八百萬の神に相談し、知恵の神、思金神《おもいかねのかみ》の進言により、天菩比神《あめのほひのかみ》を遣わします。しかし、天菩比神《あめのほひのかみ》は大国主神《おおくにぬしのかみ》に懐柔されてしまい、三年経っても帰ってきません。

仕方なく、天照大御神《あまてらすおおみかみ》と高御産巣日神《たかみむすひのかみ》はまた思金神《おもいかねのかみ》に相談し、今度は天若日《あめのわかひ》子《こ》※3という神様を遣わします。

しかし、この神様も八年も帰ってこないままでした。なんと大国主神《おおくにぬしのかみ》の娘である下照比売《したてるひめ》（妹高比売命《いもたかひめのみこと》の別名）と結婚してしまっていたのです。

任務を思い出させようと、天照大御神《あまてらすおおみかみ》は鳴女《なきめ》という名の雉《きじ》を遣わしますが、この雉を天若日子《あめのわかひこ》は射殺してしまいます。※4

しかも、その弓矢は天若日子《あめのわかひこ》がかつて天照大御神《あまてらすおおみかみ》から賜ったものでした。雉を貫いた矢はそのまま高天原《たかまのはら》にまで飛んでいきました。

天若日子《あめのわかひこ》の謀反を疑った高御産巣日神《たかみむすひのかみ》（高木神《たかぎのかみ》）は、その矢を「もしこの矢が、天若日子《あめのわかひこ》が命令を守り、悪い神々を射ったときのものであれば、当たらない。もし邪心があったのなら、天若日子《あめのわかひこ》に当たれ」と言い、葦原中国にいる天《あめの》若日子《わかひこ》めがけて投げ返します。

天若日子《あめのわかひこ》はその矢に胸を射抜かれ、死んでしまうのです。

※3　天若日子
天津国玉神《あまつくにたまのかみ》の子。使命よりも愛に生き、死を招くという悲劇が人々の心をつかんだらしく、『宇津保物語』（平安時代）や『御伽草子』（室町時代）にも語られています

※4　天若日子に殺された雉
この雉が殺されて帰らなかったことから「雉の頓使《ひたつかい》」ということわざができたと『古事記』は伝えています。その意味は「行ったきりで戻らない」

下照比売《したてるひめ》の一族、古代カモ氏の繁栄

天若日子《あめのわかひこ》の葬儀の場で、ちょっと不思議なことが起こります。

下照比売《したてるひめ》の兄である阿遅鉏高日子根神《あじすきたかひこねのかみ》と天若日子《あめのわかひこ》は瓜二つであったといい、弔いにやってきた阿遅鉏高日子根神《あじすきたかひこねのかみ》を天若日子《あめのわかひこ》の父神である天津国玉神《あまつくにたまのかみ》や下照《したてる》比売《ひめ》が天若日子《あめのわかひこ》と間違え、「我が子は死んでいなかった」「我が夫は死んでいなかった」と手足にとりすがって泣いたのです。

✣天若日子《あめのわかひこ》と大国主神《おおくにぬしのかみ》の一族系図

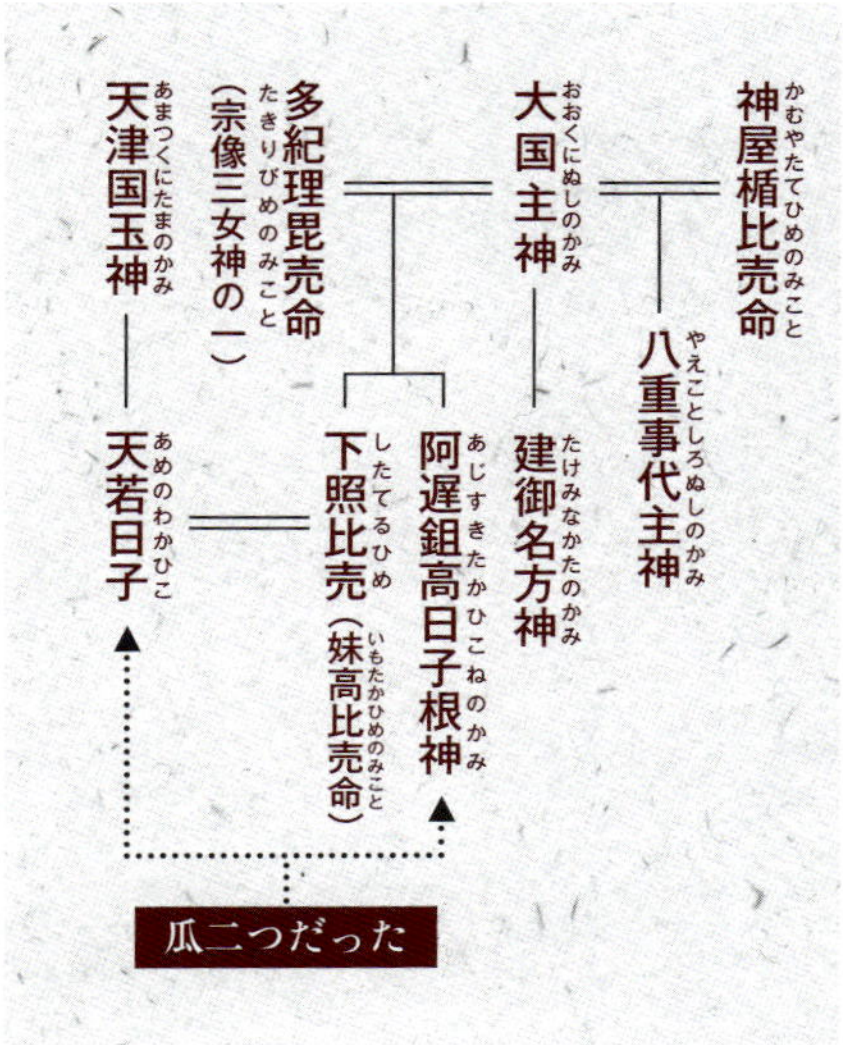

阿遅鉏高日子根神《あじすきたかひこねのかみ》は「親友だからこそ来たのに、私を穢《けが》れた死人※5と間違えるとは何事だ」と怒り、遺体を安置している喪屋《もや》を剣で切り伏せ、足で蹴とばしました。

それが美濃国まで飛んでいき、「美濃国の藍見河《あいみがわ》の河上の喪山になった」と『古

※5　穢れた死人
死は「穢れ」「不浄」とされていました。神道の葬儀はありますが、神社では行わないのはそのため。阿遅鉏高日子根神のこの行いも、現代人の私たちから見れば、「そんなに怒ること？」という感じですが、「穢れ」はそれほどに忌むべきものだったのですね

事記』は記します。

現在の岐阜県美濃市大矢田にある喪山はこんもりとした丘のような、小さな山。以前は天若日子《あめのわかひこ》を祀る喪山天神社があったそうですが、現在は同町の大矢田神社※6内に遷座されています。

この阿遅鉏高日子根神《あじすきたかひこねのかみ》、あまり耳なじみのない神様かもしれませんが、実に多くの神社に祀られているのです。

阿遅鉏高日子根神《あじすきたかひこねのかみ》には「迦毛大御神《かものおおみかみ》」という別名があります。

この「カモ」という名をもつ氏族は、日本古代史を語る上での重要なキーワードのひとつ。

「加毛」とも「鴨」とも「賀茂」とも表記するカモ氏は古代日本の一大氏族。阿遅鉏高日子根神《あじすきたかひこねのかみ》が祀られている奈良県御所市の高鴨《たかかも》神社※7は、同社によれば、「全国鴨社の総本宮」であり、弥生時代中期前より祭祀を行っていた日本最古の神社のひとつといいます。

『延喜式』※8では、大神《おおみわ》神社と同格に列せられていることから、大和朝廷からも重要視されていたことがわかります。

そもそも阿遅鉏高日子根神《あじすきたかひこねのかみ》の別名「迦毛大御神《かものおおみかみ》」からして、最上級の敬意が込められた名前。「大御神」と記されるのは『古事記』では、天照大御神《あまてらすおおみかみ》と伊邪那岐大御神、そして迦毛大御神《かものおおみかみ》だけなのですから。

※6　大矢田神社
七代孝霊天皇の御世、悪竜に苦しめられていた里人が喪山天神社（祭神は天若日子命）に祈ったところ、「建速須佐之男命を祀れ」とのお告げがあったことから、この地に天若日子命とともに祀ったと伝えられています。八俣大蛇神話に由来する「ひんここ祭り」でも有名です

※7　高鴨神社
→P137

※8　延喜式
平安時代中期に完成した法典。その中の「神名式」には朝廷の奉幣にあずかる神社二八六一社が国郡別に記載されています。この神社は「式内社」といわれ、由緒ある古社となります

「カモ」のつく神社としては京都の上賀茂神社、[※9]下鴨神社[※10]も有名。ただし、こちらのカモ氏は高鴨神社のカモ氏とは違う系統であるという説もあります。

現在も京都を流れる鴨川、その名は、上流が賀茂氏の本拠地であったことから名づけられたものといわれます。古代におけるカモ氏の影響力の大きさ、謎の深さを少し感じていただけるでしょうか。

最後の使者・建御雷之男神《たけみかづちのおのかみ》の登場

失敗続きの天照大御神《あまてらすおおみかみ》ですが、また思金神《おもいかねのかみ》に相談し、さらなる攻勢に打って出ます。

思金神《おもいかねのかみ》が推薦したのが、伊都之尾羽張神《いつのおはばりのかみ》、その御子神である建御雷之男神《たけみかづちのおのかみ》です。

伊都之尾羽張神《いつのおはばりのかみ》は、伊邪那岐神《いざなきのかみ》が迦具土神《かぐつちのかみ》を斬ったときに用いた十拳剣《とつかのつるぎ》が神格化した神。建御雷之男神《たけみかづちのおのかみ》はそのとき滴った血から生まれた神様です。

天照大御神《あまてらすおおみかみ》が特別に遣わした鹿の神、天加久神《あめのかくのかみ》からその命を聞いた伊都之尾羽張神《いつのおはばりのかみ》は恐縮し、「我が子、建御雷之男神《たけみかづちのおのかみ》を遣わせましょう」と答えます。

こうして、建御雷之男神《たけみかづちのおのかみ》はもう一柱、天鳥船神《あめのとりふねのかみ》とともに葦原中国の大国主神《おおくにぬしのかみ》のもとに天降《あも》っていくのです。

※9 上賀茂神社《かみがもじんじゃ》
山城国一宮。正式名称は賀《か》茂《も》別雷《わけいかづち》神社。初代神武天皇の御世に、本社の北北西にある神山《こうやま》に賀茂別雷大神《かもわけいかづちのおおかみ》がご降臨になり、四十代天武天皇の御世（六七八）に現在の社殿の基が造営されたと伝わります

※10 下鴨神社《しもがもじんじゃ》
山城国一宮。正式名称は賀《か》茂御祖《もみおや》神社。『山城国風土記』によると、御祭神の玉《たま》依媛命《よりひめのみこと》は、賀茂別雷大神の母神であり、玉依媛命の父神である賀茂建角身命《かもたけつぬみのみこと》とともに祀られています。今も賀茂祭（葵祭）を上賀茂神社と交代で主催しています

二 国譲り

出雲国の稲佐《いなさ》の小浜に降りてこられた建御雷之男神《たけみかづちのおのかみ》は、大国主神《おおくにぬしのかみ》に「天照大御神《あまてらすおおみかみ》、高木神《たかぎのかみ》（高御産《たかみむ》巣日神《すひのかみ》）に命じられて、遣いとしてやってきた。あなたが治めている葦原中国《あしはらのなかつくに》を天照大御神《あまてらすおおみかみ》は『我が御子の治める国』だとおっしゃっている。あなたの心はどうか」とおっしゃいました。

大国主神《おおくにぬしのかみ》は「我が子、八重事代《やえことしろ》主神《ぬしのかみ》に答えさせましょう。ところが今、魚を取りに、御大《みほ》の前《さき》に行っていてまだ帰ってきていません」とお答えになりました。

そこで天鳥船神《あめのとりふねのかみ》が、八重事代主《やえことしろぬし》神《のかみ》を迎えに行かれました。

国譲りが行われた現場

何度読んでも腑に落ちない謎がこの「国譲り」神話には散りばめられているのですが、順を追って説明していきましょう。

建御雷神《たけみかづちのかみ》（建御雷之男神《たけみかづちのおのかみ》）が降りてこられた稲佐の浜はすでに登場しましたが、島根県の西部、出雲大社の近くにある浜辺です。大国主神《おおくにぬしのかみ》と建御雷神《たけみかづちのかみ》が国譲りについて話し合われた場所だという「屏風岩《びょうぶいわ》」、この後に登場する、大国主神《おおくにぬしのかみ》のもう一柱の御子神である建御名方神《たけみなかたのかみ》が投げた岩が積み重なったとされる「つぶて岩」など、この神話にちなむ伝承が多く残されています。

全国の神様が出雲に集まってくるという神在祭《かみありまつり》。旧暦十月十日（現在の暦では、十一月二十三日）に行われる、神様をお迎えする神事の舞台もこの稲佐の浜。古来、神様が来臨される、聖なる場所なのですね。

その稲佐《いなさ》の浜から遠く離れた御大《みほ》の前《さき》（美保関《みほのせき》）にいる事代主神《ことしろぬしのかみ》を迎えに行き、あっという間に連れ帰ってきたのが天鳥船神《あめのとりふねのかみ》です。伊邪那美神《いざなみのかみ》から生まれた船の神様で、鳥之石楠船神《とりのいわくすふねのかみ》の別名もあります。

美保関に鎮座する美保神社《みほ》※1で毎年十二月に行われる「諸手船神事《もろたぶね》」は、この神話にちなむ神事。冬の冷たい海を二艘の古代船が大国主神の坐す客人社《まろうと》※2の麓から、美保神社前の宮灘へと競い合って進みます。

※1　美保神社
「延喜式」式内社。事代主神と大国主神の后神である三穂津姫命を祀ります

※2　客人社
美保神社の末社で、大国主神をお祀りしています。美保神社の末社は全部で十二社あります

謎多き事代主神《ことしろぬしのかみ》の行動と美保《みほ》神社に残る「青柴垣《あおふしがき》神事」

稲佐に連れてこられた八重事代主神《やえことしろぬしのかみ》に、建御雷之男神《たけみかづちのおのかみ》は同じようにお尋ねになりました。

八重事代主神《やえことしろぬしのかみ》は、父である大国主神《おおくにぬしのかみ》に「畏れ多いことです。この国は天つ神の御子に差し上げましょう」とおっしゃって、乗っていた船を踏んで傾けると、天《あめ》の逆手《さかて》をうって、船を青柴垣《あおふしがき》にしてお隠れになってしまいました。

「青柴垣」とは、青い柴で造られた垣で、神様のお籠もりになる場所。「お隠れになった」とは、海に身を投げて果てた、ということでしょうか。

あっさりと国を献上してしまうことも不思議なら、お隠れになってしまうことも不思議。なぜこのような展開になったのか、いまひとつ納得がいかないところです。

また、お隠れになる前にうったという「天《あめ》の逆手《さかで》」※3。これもまた諸説入り乱れる謎の行動とされています。有力なのは「何らかの呪詛的行動なのではないか」という説。現在、日本の神事に「天の逆手」というものはないらしく、いったいどのような動作であったかは想像の域を出ないのです。

謎多き事代主神《ことしろぬしのかみ》ですが、その行動の意味を考える上で手がかりになりそうな神事が美保神社にありました。

※3　天の逆手
その動作については「指先を足下に向けてうつ」「手の甲をうち合わせる」など諸説あります。また「天の逆手」を現在、私たちが参拝するときにうつ拍手の起源という説もあり、前述の「諸手船神事」では事代主神に擬する宮司と使いの神に擬する氏子の間で、天の逆手を示すと考えられる「合拍手《あわせはくしゅ》の儀」が行われています

「青柴垣神事」と呼ばれるその神事は数百年に渡り、美保神社の神職たちだけではなく、氏子たちも含め、町を上げて行われています。

毎年四月七日を中心にして十三日間にも及びますが、準備期間を入れたら一年がかり。神事の主役となる事代主神《ことしろぬしのかみ》役ほか、重要な役目についた人たちにはなんと一年間もの潔斎※4が課されます。

四月七日、人々の前に現われた事代主神《ことしろぬしのかみ》役は目を閉じたまま。※5歩くのも世話役の人に両脇を抱えられ、半日以上もかかる神事の間、決して目を開けることはありません。

事代主神《ことしろぬしのかみ》役が目を開けるのはこの日の神事すべてが終わってから。これは「開眼」と呼ばれ、「再生」を意味します。

事代主神《ことしろぬしのかみ》は高天原に見立てられた拝殿で天照大御神《あまてらすおおみかみ》への恭順の意を示す「奉《ほう》幣《へい》の儀※6」を行い、再生を果たすのです。

稲穂の神・三穂津姫命《みほつひめのみこと》に託された希望

美保神社の御祭神は事代主神《ことしろぬしのかみ》と、大国主神《おおくにぬしのかみ》の御后神である三穂津姫命《みほつひめのみこと》。三穂《みほ》津姫命《つひめのみこと》は、高御産巣日神《たかみむすひのかみ》の御子神であり、高天原《たかまのはら》から稲穂を持って天降ってきたといわれます。

※4 潔斎
一年間、毎日、禊ぎのため海に入り、子の刻（深夜0時から2時）に参拝。事代主神役を務める二人にはさらに厳しい潔斎事項があり、四月七日の本番の前には断食をし、「神がかり」の状態に入るとされています

※5 目を閉じたままの事代主神役
青柴垣神事における事代主神役は「當屋《とうや》」と呼ばれ、もっとも重要な役。実際に、當屋を経験したことのある人に話を聞いたところ、「神事の途中、自分の意識とは違うところで、涙が出てきて止まらなかった」とか。まさに神がかり、なのですね

※6 奉幣の儀
『日本書紀』にある「事代主神は八十萬《やそよろづ》の神を帥いて天に昇り、誠の心を申し上げた」を儀式の中で再現しています

この結婚※7について地元の方の見解は、というと「鉄資源が豊富だった出雲では、鍬《くわ》や鋤《すき》などの農具も鉄製だった。それにより盛んに開墾した土地を、高天原の稲穂と天照大御神《あまてらすおおみかみ》に象徴される太陽の恵みの下で生きるために献じた」というもの。敗者ではなく、両者の長所をひとつにし、農業を中心にした国づくりへの道筋をつけた※8、というのです。

歴史の真実を知る術はありません。

でも、小さい子からお年寄りまでがこの神事にわく美保関を眺めていると、「国を取られ、大事な御子神である事代主神《ことしろぬしのかみ》をも失った」という悲しい歴史では決してない、そんなふうに思えるのです。

事代主神のもうひとつの顔・エビス様

事代主神《ことしろぬしのかみ》はエビス様とも称されています。エビスビールのラベルを見ると、鯛を抱え、魚を入れるビクと釣竿とともに描かれていますよね。それはこの国譲りのときに、事代主神《ことしろぬしのかみ》が美保関で釣りをしていたから。

父神である大国主神《おおくにぬしのかみ》が大黒様、事代主神《ことしろぬしのかみ》がエビス様※9、と親子で七福神の一員であるのも、日本人に深く愛されてきた証というところでしょうか。

ところが、美保神社と同様に「全国えびす宮総本社」とされる兵庫県の西宮

※7 結婚
『日本書紀』には、高御産巣日神が大国主神に「もし、お前が（同じ）国つ神を妻としたら、私はまだお前に反逆の意志があると思うだろう。だから、私の娘の三穂津姫を妻として、お前に代わり国を治めていく皇孫を永く護れ」と語ったと記されています

※8 国づくりへの道筋をつけた
地元では、事代主神の行った「天の逆手」も「あめのむかえで」と読み、呪詛ではなく、恭順の意を示す拍手だったと考えられています

※9 大黒様とエビス様
美保神社と出雲大社は「出雲のえびすだいこく」とされ、江戸時代には「大社だけでは片参り」といわれて、出雲大社だけでなく美保神社もお参りしなければならないと考えられてきました。出雲大社の主祭神は大国主

神社[※10]では、エビス様は蛭児大神《ひるこおおかみ》とされています。蛭児大神《ひるこおおかみ》は伊邪那岐命《いざなきのみこと》と伊邪那美命《いざなみのみこと》が最初に生んだ神様。葦船に乗せて海に流されてしまった御子神です。

古来、日本には海から流れ着いてきたものを神とする信仰がありました。蛭児大神は葦船で浜へ漂着した神様ということなのですね。

エビス様を祀っている神社を訪ねたときは、事代主神《ことしろぬしのかみ》、蛭児大神《ひるこおおかみ》、どちらの神様のことなのか、探ってみるのもおもしろいものです。

さて、この事代主神《ことしろぬしのかみ》との話し合いで国譲りが完了すればよかったのですが、大国主神《おおくにぬしのかみ》にはもう一柱、建御名方神《たけみなかたのかみ》という御子神がいました。

建御雷神《たけみかづちのかみ》と建御名方神《たけみなかたのかみ》、名前が大変まぎらわしいこの二柱の神が、この後、激しく戦うことになります。

建御名方神《たけみなかたのかみ》の退却と諏訪大社

建御雷神《たけみかづちのかみ》は大国主神《おおくにぬしのかみ》に「あなたの子の事代主神《ことしろぬしのかみ》がこのように申した。他に話をさせる子はいるか？」とお尋ねになりました。大国主神《おおくにぬしのかみ》は「建御名方神《たけみなかたのかみ》がいます。他にはおりません」とお答えになりました。

そう話しているうちに、その建御名方神《たけみなかたのかみ》が千人もの人が引くほどの大きな岩を手先に軽々と差し上げていらっしゃいました。

神。美保神社は事代主神をエビス様とする神社の総本社でもあります

※10　西宮神社
創祀年代不詳。大阪湾・茅《ち》沼《ぬ》の海より出現した御神像を神託により、現在地に祀ったとされます。平安時代後期より文献にも登場する古社。毎年一月に行われる「十日えびす」には百万人を超える参拝客が訪れます

そして、「誰が我が国に来て、こそこそとものを言っているのだ。そういうことなら、力競べをしよう。私が先にお前の手をつかむぞ」とおっしゃったのです。
建御名方神《たけみなかたのかみ》が建御雷神《たけみかづちのかみ》の手をとると、途端にその手が氷柱になり、また剣になりました。建御名方神《たけみなかたのかみ》は恐れられて退かれましたが、建御雷神《たけみかづちのかみ》は建御名方神《たけみなかたのかみ》の手を取ると、まるで若い葦のようにつかみつぶして、放り投げられました。
建御名方神《たけみなかたのかみ》はお逃げになり、とうとう信濃国の諏訪の湖にまで追い詰められてしまいました。
命を奪おうとする建御雷神《たけみかづちのかみ》に建御名方神《たけみなかたのかみ》は「どうぞ私を殺さないでください。この場所に留まり、他のところへは参りません。我が父、大国主神《おおくにぬしのかみ》の命令に背きません。八重事代主神《やえことしろぬしのかみ》の言葉を違えません。この葦原中国は天《あま》つ神《かみ》の御子のものでございます」とおっしゃいました。

信濃の国へといらっしゃった建御名方神《たけみなかたのかみ》が、ご鎮座されているところ、それが長野県、諏訪大社※11です。同社で、寅と申の年に執り行われる御柱祭《おんばしらまつり》※12は勇壮な祭りとして、全国的に有名。大きな丸太に何十人もの男衆が乗り、急な坂をすべっていく様子をニュースなどで一度は見たことがあると思います。

この諏訪大社のある地へと進んでいく建御名方神《たけみなかたのかみ》の足跡が石川県、新潟県、長野県の各地に神社として残っているのですよ。

長野県の名刹、善光寺※13。その周辺は以前、「城山町」という住所でした。とい

※11 諏訪大社→P137
※12 御柱祭 社殿の四隅に建つ「御柱」にするため、樹齢二百年のもみの木を山から切り出し諏訪大社へと曳いていく大祭。氏子総数二十万人。延暦二十三年（八〇四）には、すでに国を上げて行われていました。諏訪大社周辺の地をめぐると、小さな祠にも御柱が建

うのも、建御名方神《たけみなかたのかみ》が戦いのために築いた城があったから。現在も公園や小学校の名前として残されています。

善光寺のそばには今も、その守護神であるとされる神社があります。その名も健御名方《たけみなかた》富命彦神別《とみのみことひこかみわけ》神社。健御名方富命《たけみなかたとみのみこと》とは、建御《たけみ》名方神《なかたのかみ》の別名、彦神別《ひこかみわけ》は建御名方神《たけみなかたのかみ》の御子神の名です。

✣建御名方神の逃走と信濃国

社伝は「建御名方神《たけみなかたのかみ》が出雲から信濃へ入国した際、この地に留まり、先住の地方民を教化し、徳を施したため慕われた」と記しています。

また、長野県上田市にある生島足島神社《いくしまたるしま》[※15]にも、建御名方神《たけみなかたのかみ》がここに留まり、生島足島神社の御祭神に米粥を煮て献じたとの伝承があり、今もそれにちなむ神事[※16]が行われているのです。

建御名方神《たけみなかたのかみ》と諏訪の先住民・守矢《もりや》氏

諏訪大社の社伝には、建御名方神《たけみなかたのかみ》はこの地の姫神である八坂刀売神《やさかとめのかみ》を妻とし、十三柱の御子神とともに、信濃国の開拓にあたったとあります。

てられていることに驚かされます

※13　善光寺
百済の聖明王から贈られた「善光寺式阿弥陀三尊像」を三十二代推古天皇の命で遷座したのが起源とされ、開創千四百年以上を数えます

※14　健御名方富命彦神別《たけみなかたとみのみことひこかみわけ》神社
創祀年代不詳。長く善光寺の守護神として境内地にありましたが、明治十二年（一八七九）、善光寺に隣接した城山公園そばの現在地に遷座されました

※15　生島足島神社
御祭神の生島大神《いくしまおおかみ》、足島大神《たるしまおおかみ》は、古来、日本国土の守り神とされる神様。遷都の際は必ず新しい都に鎮祭され、現在も皇居内に祀られています

※16　米粥にちなむ神事
毎年十一月三日から翌年の四月まで、半年にわたり行われる「御籠祭《おこもりさい》」です。建

『古事記』やこの社伝だけを見ると、諏訪の地にそのまま建御名方神《たけみなかたのかみ》が治まったように感じてしまいますが、それは大間違い。

この地にたどり着くまでの経緯を見てもわかるように、この地にも当然、先住民がいて、先住民がいれば必ず、その長がいるのです。それが、洩矢神《モリヤノカミ》。

諏訪大社では古来、「大祝《おおほうり》」という神職が置かれ、上社では建御名方神《たけみなかたのかみ》の末裔である諏方《すわ》氏が、下社では信濃国造《しなのくにのみやつこ》の出である金刺《かなざし》氏が務めたといいます。「務めた」といっても、この職は男児が就くものとされ、「神体として格別の崇敬を受ける重職」とされていました。男児が「生神様」になる、というわけですね。

そんな生神様に仕える神職の長「神長官《じんちょうかん》」を務めていたのが、洩矢神《モリヤノカミ》の末裔とされる土着氏族の守矢《もりや》氏でした。

これは、建御名方神《たけみなかたのかみ》に征服されたように見えて、実権はそのまま土着氏族の守矢氏が握り続けていたということを示してはいないでしょうか。

諏訪の人たちが祀る神様は……？

諏訪大社の上社前宮は、建御名方神《たけみなかたのかみ》が最初に宮を建てられた場所と伝えられています。その隣が守矢氏の館があった場所とされ、現在では「神長官守矢資料館」※17となっています。

御名方神が生島足島の大神に毎日、米粥を捧げます（非公開）。十一月一日には粥を炊くのに使用する井戸と神池を清める神井《みい》神事が、四月十八日には建御名方神が半年間の奉仕を終えて、諏訪にお帰りになる諏《す》訪様還座祭《わさまかんざさい》が行われます

※17　神長官守矢史料館
鎌倉時代から守矢家が伝えてきた貴重な守矢文書を保管・公開しています

古墳などもある、広い敷地内には「御左口神社《みしゃぐじしゃ》」という名の小さな古い祠があり、守矢家の方いわく「この地の最初の神様」を祀っているのだとのこと。土地の人に「ミシャグジ様」と呼ばれるこの神様は古来、諏訪大社のさまざまな神事の中心であるといいます。一説に、諏訪は、大和朝廷への建前として、表向きの御祭神は建御名方神《たけみなかたのかみ》、実態は変わらず御左口神《みしゃぐじ》を貫き通してきたのだともいわれています。

同一のものが見る角度によって、まるで違うものに見えるように、歴史や信仰もまた、立場が違えば、まるで違うものになる。その土地を歩き、その土地の人と話してみなければつかめない実態がゴマンとあるのでしょうね。

もっとも全国に諏訪信仰が広まった背景には、軍神としての要素も多分にありました。これは間違いなく建御名方神《たけみなかたのかみ》のこと。

敗軍の将となっても、威光も人気も衰えなかった建御名方神《たけみなかたのかみ》を貶めるために、『古事記』ではことさら哀れな神として記されたという説もあるのです。

その高い人気の証拠に、建御名方神《たけみなかたのかみ》を軍神として祀る神社は全国に多数あり、武士の間でも厚く崇敬されました。

たとえば、「風林火山」で知られる戦国武将、武田信玄。武田家は代々、諏訪明神を信仰していました。信玄も「軍神として諏訪明神を崇敬していた」といわれ、戦場でなびく「風林火山」の軍旗の隣には、常に「南無諏方南宮法性上

下大明神」と書かれた諏訪明神の旗があったのです。

大国主神《おおくにぬしのかみ》の願いで建てられた出雲大社

建御雷神《たけみかづちのかみ》は諏訪から帰ってこられると、大国主神《おおくにぬしのかみ》に「あなたの子供たち、事代主神《ことしろぬしのかみ》、建御名方神《たけみなかたのかみ》の二柱の神は、天つ神の御子の命令に従うと申した。あなたの心はいかに」とお尋ねになりました。

大国主神《おおくにぬしのかみ》は「我が子、二柱の神が申すとおりです。この葦原中国《あしはらのなかつくに》は差し上げましょう。その代わり、私の住処を天つ神の御子の光り輝く御殿のように、地中深く太い立派な柱を立て、高天原に届くほど千木を高く立てて造ってください。そうすれば私は遠い根の国のもっと遠くに隠れていましょう。また、我が子らは八重事代主神《やえことしろぬしのかみ》が統率すれば、逆らう者はございません」とおっしゃいました。

そして、出雲国の多芸志の小浜に御殿を造りました。


いよいよ、国譲り完結の段です。

この「出雲国の多芸志の小浜に造られた御殿」が、出雲大社であるといわれています。

「高天原に届くほど千木を高く」との大国主神《おおくにぬしのかみ》の願いどおり、高さ十六丈（約五十m）、そこへ地上から三十六丈（約一一〇m）もの長い階段を昇っていくという、壮大な社※18だったと伝えられています。

天禄元年（九七〇）に書かれた『口遊《くちずさみ》』という本には「雲太、和二、京三」という数え唄が記されています。これは「出雲太郎、大和二郎、京都三郎」の意味で、当時の大きな建物を歌ったもの。

出雲は出雲大社、大和は奈良の東大寺の大仏殿、京都は大極殿《だいごくでん》。※19東大寺の大仏殿の高さは約四十七m。創建時と高さは変わらないといわれているため、出雲大社は当時、少なくとも四十七mよりも高かった※20ということ。現在の出雲大社の高さは約二十五mといいますから、奈良時代の出雲大社はその倍の高さを誇っていたということなのですね。

出雲大社はいつ建てられた？

『古事記』のその後を読み進めていくと、十一代垂仁《すいにん》天皇※21のときに、「出雲の大神」が登場します。

垂仁《すいにん》天皇の御子・本牟智和気《ほむちわけ》※22は、あごひげが胸まで長く伸びるほど大きくなっても言葉を話せませんでした。それを憂う天皇の夢枕に「出雲の大神」が立ち、「私のために天皇の宮殿のような宮を建てれば、御子は必ず話せるようになるだろう」と言うのです。

※18　壮大な社
長年「単なる伝承」「そのような建造物を建てるのは不可能」とされてきましたが、平成十二年に、鎌倉時代の社殿を支えていたと思われる柱が地中から発見されました。直径一m以上もある丸太を三本束ねて、一本の柱とする立派なものであったことから、現在は「高さ十六丈の社殿は実在した」と考えられています

※19　大極殿
平安京にあった建物。朝廷の正殿として中央には天皇の玉座である高御座があり、国家的儀式などに使われました

※20　四十七mよりも高かった
ちなみに、現在の日本では、地上三十m以上の建造物は「高層ビル」と見なされています

※21　垂仁天皇
この時代、皇族が亡くなると側近は殉死を命じられて

「出雲の大神」とは大国主神《おおくにぬしのかみ》のこと。本牟智和気《ほむちわけ》が話せないのは、大国主神《おおくにぬしのかみ》の祟りだと思った天皇は、本牟智和気《ほむちわけ》を出雲の「大神の宮」へお参りに行かせます。その甲斐があり、本牟智和気《ほむちわけ》が話せるようになったことを喜んだ天皇は「神の宮をお造らせになった」と記されているのです。

この話から考えると、それほど大きくない宮に祀られていた大国主神《おおくにぬしのかみ》をこのとき、宮殿のように大きな宮を造って祀られた、ということなのでしょうか。

この垂仁天皇が在位していた時期を『日本書紀』から西暦に換算すると、紀元前二十九年から紀元後七十年。出雲大社が建てられたのはこの間と考えられますが、単純計算してみても在位期間は百年近く。いくらなんでも、それは無理がありますね。

一方で、『丹波国風土記《たんばのくにふどき》』にも、とある興味深い記述が残されています。

現在の京都府亀岡市にある出雲大神宮。※23 大国主神《おおくにぬしのかみ》と三穂津姫命《みほつひめのみこと》を祀るこの神社は、奈良時代初期の和銅二年（七〇九）に社殿が造られました。そして「和銅年中、大国主命御一柱のみを島根の杵築の地に遷す。すなわち今の出雲大社これなり」と伝えられているのです。

和銅年中というと、『古事記』が編纂されたのと同じ頃。この記述により、出雲大神宮は「元出雲」と呼ばれているのです。

いましたが、垂仁天皇がそれを改め、埴輪を陵墓の周りに並べることにしました。それを天皇に提案したのが、力士の始祖・野見宿禰《のみのすくね》だといわれています

※22 本牟智和気
本牟智和気の母、沙本毘売《さほひめ》命《みこと》は兄の沙本毘古王《さほひこのきみ》に天皇を暗殺するよう命じられ、寝ている天皇を殺そうとしますが失敗。謀反を知った天皇は沙本毘古王を攻め、兄のもとに戻った沙本毘売命もともに絶命します。本牟智和気はその戦の最中に生まれた悲劇の御子なのです

※23 出雲大神宮→P137

国譲りの勝者・建御雷神《たけみかづちのかみ》のその後

さて、この国譲り神話のもう一方の主役、「国譲り」を実現させた功労者である建御雷神《たけみかづちのかみ》は現在、茨城県鹿島市の鹿島《かしま》神宮※24に祀られています。『日本書紀』によると、国譲りの後、香取《かとり》の神とともに葦原中国を平定し、鹿島の地を本拠地として、東国の開拓に当たったとされています。

「鹿島」はもともと「香島」であったといいます。それが「鹿」となったのは、国譲りの際、天照大御神《あまてらすおおみかみ》が建御雷神《たけみかづちのかみ》のもとへ遣わした神が天加久神《あめのかくのかみ》という鹿の神であったから。鹿島では、鹿は神の遣い、神鹿なのですね。今も鹿島神宮境内では、鹿が大切に飼われています※25。

さて、神社と鹿の組み合わせで思い出される地は他にありませんか？　そう、奈良。奈良公園にいる鹿も、もとはこの鹿島神宮の鹿なのです。

現在、奈良公園のそばに鎮座する春日大社《かすがたいしゃ》※26。和銅三年（七一〇）に平城京ができたとき、藤原不比等《ふじわらのふひと》※27が鹿島神宮を分祀したものといわれています。というのも、不比等の父である藤原鎌足《かまたり》※28が鹿島の生まれであり※29、鹿島の神様を氏神としていたというのですね。

鹿島から奈良へ、分祀の行列は一年かけて進んでいったと伝えられ、神鹿も

※24　鹿島神宮→P138

※25　鹿島神宮の鹿
以前は参拝者もエサをやるなど、鹿と触れ合えたのですが、心無い人にゴミなどを食べさせられ死んでしまう鹿が続出したため、今では遠くからしか見ることができません。神鹿をそんな目に合わせるとは、なんて罰当たりなことでしょうね

※26　春日大社→P138

※27　藤原不比等
藤原鎌足の次男。三十八代天智天皇の子という説もあります。長男はなぜか僧侶となり、鎌足を祀る談山《たんざん》神社（奈良県桜井市）に十三重塔を建立したことで知られます

※28　藤原鎌足
中臣鎌足。中大兄皇子《なかのおおえのおうじ》（後の天智天皇）とともに大化の改新で活躍しました。臨終の際に藤原姓を賜り、ここから「この世をば我が世とぞ思ふ望月の欠けたることもなしと思へば」の歌を

このとき連れていかれたのだそうです。

国譲りの功労者は建御雷神《たけみかづちのかみ》ではなかった……？

『古事記』では、建御雷神《たけみかづちのかみ》とともに葦原中国へやってくるのは天鳥船神《あめのとりふねのかみ》ですが、『日本書紀』はじめ、広く「国譲りの遣い」として語られているのは、経津主神《ふつぬしのかみ》という刀剣の神様です。

『日本書紀』の一書には、経津主神《ふつぬしのかみ》を遣わそうと神々が決めたときに、建御雷神《たけみかづちのかみ》が「経津主神《ふつぬしのかみ》ばかり男にして、私のことを男にしてはくださらないのか」と激しく抗議したため、「経津主神《ふつぬしのかみ》に配《そ》へて」遣わした、と記されていること、『出雲国風土記』などでは経津主神《ふつぬしのかみ》しか出てこないことなどから、どうやら国譲りの本来の主役は経津主神《ふつぬしのかみ》であったようです。

先にも書きましたが、建御雷神《たけみかづちのかみ》は藤原氏の氏神。藤原不比等は『古事記』がまさに編纂されていた時期、政治の最高実力者であったとされます。そのため、不比等が自分の氏神である建御雷神《たけみかづちのかみ》の権威を高めるために、この神話に入れ込み活躍させた……という見方もあるのです。

とはいえ、建御雷神《たけみかづちのかみ》と経津主神《ふつぬしのかみ》のコンビは「武神」として、多くの武将の崇敬を集めました。

詠んだ藤原道長へと続く藤原氏の大躍進がはじまったのです

※29　鹿島の生まれ
大和国高市郡藤原（現在の奈良県橿原市）で生まれたから「藤原」という姓を賜ったという説、大和国高市郡大原（奈良県明日香村）生誕説もあります

※30　鹽竈神社
陸奥国一宮。御祭神の鹽土老翁神は東北を平定しようとする武甕槌神と経津主神を道案内した神様。陸奥国を平定後もこの地に留まり、人々に製塩法を教えたとされます。参拝する際は鹽土

宮城県塩竈市にある鹽竈《しおがま》神社※30は、鹽土《しおつち》老翁神《おぢのかみ》とともに、建御雷神《たけみかづちのかみ》と経津主神《ふつぬしのかみ》をともに祀っています。伊達政宗公をはじめとする歴代の仙台藩主の信仰は篤く、社殿の造営※31なども度々行われています。

そして現在も、経津主神《ふつぬしのかみ》を祀る香取神宮※32（千葉県香取市）と建御雷神《たけみかづちのかみ》を祀る鹿島神宮は利根川を挟んで向かい合う形※33で仲良く鎮座しているのです。

老翁神を祀る別宮、武甕槌神、経津主神を祀る左右宮の順で進みましょう

※31　社殿の造営
慶長、寛文、元禄の時期に造営が行われました。現在の社殿は元禄期に藩主の伊達綱村公の発願で着手されたもので、本殿などが国の重要文化財に指定されています

※32　香取神宮→P138

※33　向い合う形
香取神宮の社殿は南に面して、鹿島神宮の社殿は北に面して建てられています。また社殿の千木（屋根の両端で交差させた木）が鹿島神宮が内削ぎ、香取神宮が外削ぎ。両社ともに境内に要石（地震を抑えているとされる霊石）があり、鹿島神宮の要石がへこんでいるのに対し、香取神宮はそのへこみに入るように丸い、など両社には陰と陽を感じさせる点が多くあります

神話めぐりの旅の手帖……3

白兎伝説の主人公、大国主神が
須佐之男命に認められ
この国をつくりあげていきます。
国づくりに生きた大国主神と
国を譲れと迫る天照大御神。
それぞれの戦いの跡地をめぐりました。

出雲大社

P105

大国主大神のために、天照大御神が広大な宮を建て、御子神である天《あめの》穂日命《ほひのみこと》にその祭祀を司らせたと伝わります。その血筋は出雲国造《こくそう》として現在まで続いています。国造職継承の際に行われる火継《ひつぎ》神事、また「身逃げの神事」の別名がある神幸祭など、神事も謎に満ちています。

◉［主祭神］大国主大神　⌂島根県出雲市大社町杵築東195　☎0853・53・3100　一畑電鉄出雲大社前駅より徒歩7分

本殿内で横を向いて祀られている※大国主大神。正面でお参りするには本殿の左側へ

気《け》多《た》神社

P108

『古事記』に愛の歌を送り合ったことが記される大己貴命と越の姫、奴奈加波比売命を祀ります

養老元年（七一七）、能登の気多大社から分祀したと伝わります。社殿は上杉謙信の兵火によって焼失後、永禄年間（一五五八～七〇）に再建されたもの。越中国一宮。

◉［主祭神］大己貴命《おおなむちのみこと》、奴奈加波比売命《ぬなかわひめのみこと》　⌂富山県高岡市伏木一宮1-10-1　☎0766・44・1836　JR氷見線伏木駅より車5分

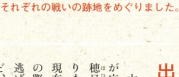

高瀬神社

▼▼▼ P108

大己貴命がこの地を平定し、出雲へ帰るとき、自らの御魂を「国魂神《くにたまのかみ》」として鎮め置いたと伝わり、高瀬神とも呼ばれます。十二代景行天皇の御世に高瀬神社となりました。越中国一宮。

◉［主祭神］大己貴命　⌂富山県南砺市高瀬291　☎0763・82・0932　JR城端線福野駅より車10分

室町時代末期に起きた一向一揆で社殿など焼失。江戸時代、加賀藩前田家により復興されました

気多大社

▼▼▼ P108

社殿は室町、桃山、江戸時代に造営されたもので、多くが重要文化財に指定されています。本殿背後の森は「入らずの森」と呼ばれ、国の天然記念物となっています

奈良時代、越中守に任命された大伴家持が参拝し歌を詠んだとされ、すでに大社として認知されていたことがわかります。創建は八代孝元天皇（十代崇神天皇のとの説も）の御世。前田利家とまつも崇敬していました。「平国祭」の他、能の題材にもなっている「鵜祭」など特殊神事の多いことでも有名です。能登国一宮。

◉［主祭神］大己貴命　⌂石川県羽咋市寺家町ク-1　☎0767・22・0602　JR七尾線羽咋駅より車5分

居多《こた》神社

▼▼▼ P108

創祀年代は四十一代持統天皇の御世。奴奈川姫《ぬなかわひめ》と御子神の建御名方命《たけみなかたのみこと》が配祀されています。越後に流罪となった親鸞ゆかりの社であり、上杉家や上杉謙信の崇敬も受けました。越後国一宮。

◉［主祭神］大国主命　⌂新潟県上越市五智6-1-11　☎025・543・4354　JR信越本線直江津駅より車5分

親鸞参拝の折、境内の葦がすべて片葉になったことが「越後七不思議」のひとつになっています

大洗磯前神社《おおあらいいそさき》

▼▼▼ P109

社殿は大己貴命と少彦名命が降臨された神磯に向かって建っています。神磯にも鳥居が建ち、朝日が正面から昇る様は神々しいのひと言です。

◉［御祭神］大己貴命、少彦名命　⌂茨城県東茨城郡大洗町磯浜町6890　☎029・267・2637　大洗鹿島線大洗駅より車5分

酒列磯前神社《さかつらいそさき》

▼▼▼ P109

斉衡三年（八五六）、光る海上に怪石が出現し、少彦名命と大名物命《おおなもちのみこと》が降臨されたという託宣が下ったことが創祀とされます。水戸黄門でおなじみの徳川光圀により復興されたことでも知られています。

◉［主祭神］少彦名命　⌂茨城県ひたちなか市磯崎町4607-2　☎029・265・8220　ひたちなか海浜鉄道湊線磯崎駅より徒歩7分

大神神社《おおみわ》

▼▼▼ P110

拝殿は寛文四年（一六六四）、徳川四代将軍・家綱の造営。国の重要文化財に指定されています

社伝によると、大己貴神が自らの幸魂《さきみたま》・奇魂《くしみたま》を三輪山にお鎮めになったのが創祀。御神体である三輪山を遥拝する三ツ鳥居の中央の扉は元旦の繞道祭《にょうどうさい》のときのみ開かれます。大和国一宮。

◉［主祭神］大物主大神　⌂奈良県桜井市三輪　☎0744・42・6633　JR桜井線三輪駅より徒歩5分

狭井神社《さい》

▼▼▼ P110

正式名称は狭井坐大神荒魂《さいにますおおみわあらみたま》神社。創祀は十一代垂仁天皇の御世。大神神社が大物主大神の和魂《にぎみたま》をお祀りしているのに対し、こちらは荒魂《あらみたま》をお祀りしています。「狭井」とは神聖な水源を意味し、境内の薬井戸からは御神水「くすり水」が今もこんこんと湧き出しています。三輪山への登拝はこちらから（入山受付九〜十四時）。

◉［主祭神］大神荒魂神《おおみわのあらみたまのかみ》　⌂奈良県桜井市三輪　☎0744・42・6633（大神神社）　大神神社より徒歩5分

三輪山登拝は社務所で入山初穂料（三百円）を奉納し、「参拝証」を受け取ってから。御神水三百円

高鴨《たかかも》神社

P116

一説には「カモ」は「カミ」と同源といわれます。また「かもす」という言葉のとおり、気を放出している様を表すともいわれ、境内も気持ちのいい空気で満ちています

主祭神の阿治須岐高日子根命《あじすきたかひこねのみこと》は、迦毛之大御神《かものおおみかみ》ともいわれます。鴨一族発祥の地に鎮座し、弥生時代中期より前（紀元前二世紀頃？）から祭祀を行ってきたと伝わる日本最古の神社のひとつ。その歴史の重みを感じさせる神社です。

◉［主祭神］阿治須岐高日子根命《あじすきたかひこねのみこと》 🏠奈良県御所市鴨神1110 ☎0745・66・0609 近鉄線御所線御所駅よりバス20分

諏訪大社

P124

創祀年代不詳。上社の本宮・前宮、下社の春宮・秋宮の計四社から成り、「諏訪大社」はその総称となります。七年に一度行われる御柱祭には全国から観光客が訪れます。信濃国一宮。

◉［主祭神］諏訪明神（建御名方神、八坂刀売神）上社本宮 🏠長野県（以下同）諏訪市中洲宮山1 ☎0266・52・1919 上社前宮 🏠茅野市宮川2030 ☎0266・72・1606 JR中央本線茅野駅より徒歩30分 ／下社春宮 🏠諏訪郡下諏訪町193 ☎0266・27・8316 下社秋宮 🏠諏訪郡下諏訪町5828 ☎0266・27・8035 JR中央本線下諏訪駅より徒歩10分

四社それぞれ趣が違います。写真は上社・本宮。江戸時代の建築で重要文化財指定

出雲大神宮

P130

境内には古墳があり、夫婦岩など聖石も祀られています。本殿は南北朝時代に建立

御神体山である御影山の麓に鎮座します。社殿が造営されたのは和銅二年（七〇九）。その頃、大国主命を「島根の杵築の地に遷す」と伝えられています。この地から京都・嵐山を流れる保津川は御祭神の三穂津姫命の名から名づけられたともいわれます。境内には古墳などもあり、その歴史の古さを感じさせます。丹波国一宮。

◉［主祭神］大国主命、三穂津姫命《みほつひめのみこと》 🏠京都府亀岡市千歳町出雲無番地 ☎0771・24・7799 JR山陰本線亀岡駅よりバス12分

鹿島神宮

▼▼▼ P131

『日本書紀』によると、国譲りの後、武甕槌大神は、鹿島の地を本拠として東国の開拓に当たったとされます。

その後、初代神武天皇即位のときに天皇の勅命により創建。摂社の高房神社には二柱が手こずった天香香《あめのかが》背男《せお》という建葉槌神《たけはづちのかみ》が祀られ、本殿よりもこちらを先に参拝する慣わしとなっています。常陸国一宮。

◉［主祭神］武甕槌大神《たけみかづちのおおかみ》 🏠茨城県鹿嶋市宮中2306-1 ☎0299・82・1209 JR鹿島線鹿島神宮駅より徒歩10分

徳川二代将軍・秀忠寄進の拝殿。参拝後は天然記念物の樹叢を通り、奥宮へ

春日大社

▼▼▼ P131

境内を四角く回廊で囲んだ造りになっているのが、春日大社の特徴。南門を中心に東西に二十一mずつ、南北にも約四十mの回廊が続いています（写真は中門）

和銅三年（七一〇）、平城京遷都に合わせ、藤原不比等が氏神である武甕槌命を鹿島神宮から御蓋山《みかさやま》へ迎え、春日神としたと伝わります。その後、藤原氏の血を引く四十八代称徳天皇が、香取神宮から経津主命を、枚岡神社（大阪）から天児屋根命、比売神を迎え祀りました。

◉［主祭神］武甕槌命、経津主命、天児屋根命、比売神 🏠奈良県奈良市春日野町160 ☎0742・22・7788 JR大和路線・近鉄奈良線奈良駅よりバス15分

香取神宮

▼▼▼ P133

武甕槌神とともに国譲り、その後の葦原中国平定に活躍した経津主大神を祀ります。利根川沿いに立つ津宮浜鳥居は経津主大神が上陸された場所と伝えられ、往古は表参道でした。午年の四月に行われる式年神幸祭では神輿を遷された御座船がこの鳥居のもとから出立。鹿島神宮の神職による御迎祭を受けます。

◉［主祭神］経津主大神 🏠千葉県香取市香取1697 ☎0478・57・3211 JR成田線佐原駅より車10分

社殿は徳川五代将軍・綱吉が造営。細かな彫刻が施された優美な造り

第七章

天孫降臨

一

天孫・邇邇芸命《ににぎのみこと》

　天照大御神《あまてらすおおみかみ》、高木神《たかぎのかみ》は日嗣《ひつぎ》の御子の正勝吾勝勝速日天忍穂耳命《まさかつあかつかちはやひあめのおしほみみのみこと》に「今、葦原中国《あしはらのなかつくに》を平定したとの報告があった。天降《あも》って、国を治めなさい」とおっしゃいました。

　正勝吾勝勝速日天忍穂耳命《まさかつあかつかちはやひあめのおしほみみのみこと》は「私が地上に降りようと支度している間に、子が生まれました。名は天邇岐志国邇岐志天津日高日子《あめにきしくににきしあまつひこひこ》番能邇邇芸命《ほのににぎのみこと》です。この子を地上へ遣わしましょう」とお答えになりました。この御子は高木神《たかぎのかみ》の娘、萬幡豊秋津師比売命《よろづはたとよあきづしひめのみこと》との間にもうけた子、天火明命《あめのほあかりのみこと》、次に日子番《ひこほ》能邇邇芸命《のににぎのみこと》です。

邇邇芸命《ににぎのみこと》の登場

国譲りを終えた建御雷神《たけみかづちのかみ》が高天原《たかまのはら》の天照大御神《あまてらすおおみかみ》に報告すると、天照大御神《あまてらすおおみかみ》は早速、新たな命令を下します。こうして、天邇岐志国邇岐志天津日高日子番能《あめにきしくににきしあまつひこひこほの》邇邇芸命《ににぎのみこと》というあまりにも長い名前の神様が、葦原中国《あしはらのなかつくに》を治めるために天降《あも》ることになりました。

天照大御神《あまてらすおおみかみ》の子である天忍穂耳命《あめのおしほみみのみこと》の子ということで、天照大御神《あまてらすおおみかみ》にとっては孫にあたります。そこで「天孫《てんそん》」という言葉が出てくるわけですね。

この名前、ほとんどが修飾語なのですが、「太陽の恵みを受けて、稲穂がにぎにぎしく豊かに実る」という意味を表しているといわれています。

この邇邇芸命《ににぎのみこと》は、高木神《たかぎのかみ》（高御産巣日神《たかみむすひのかみ》）の御子神である萬幡豊秋津師比売命《よろづはたとよあきづしひめのみこと》が母神とされ、天火明命《あめのほあかりのみこと》に次いで生まれたと『古事記』は記します。

愛知県一宮市の真清田《ますみだ》神社[1]は、この天火明命《あめのほあかりのみこと》を主祭神とする古社。摂社の服《は》織《とり》神社[2]には、母神である萬幡豊秋津師比売命《よろづはたとよあきづしひめのみこと》が祀られています。

邇邇芸命《ににぎのみこと》の兄、天火明命《あめのほあかりのみこと》の正体

『古事記』では、この段に名が記されるだけで、特に活躍のない天火明命《あめのほあかりのみこと》です

※1　真清田神社→P157

※2　服織神社
「服織」という社名から推察できるように、萬幡豊秋津師比売命は織物の守護神。その御加護を受けてか、一宮市は古くから織物の産地として名高いのです。織物を奉納する「御衣奉献《おんぞほうけん》大行列」などが行われる「一宮七夕まつり」は毎年盛大なにぎわいです

が、実は大変重要な働きをしたのではないかと考えられている神様です。

理由のひとつが、別名の多さ。彦火明命《ひこほあかりのみこと》、天照大魂神《あまてるおおたまのかみ》、天照国照彦天火明櫛《あまてるくにてるひこあめのほあかりくし》玉饒速日命《たまにぎはやひのみこと》など、いかにも重要そうな名前が、まるで正体を隠すがごとく多数あるのです。当然、その正体についても、さまざまな説が立てられています。

京都府宮津市、日本三景のひとつである天橋立《あまのはしだて》の北の付け根に鎮座する元伊《もとい》勢籠《せこの》神社※3では、彦火明命《ひこほあかりのみこと》という名前で祀られ、「天孫として息津鏡《おきつかがみ》、辺津鏡《へつかがみ》を賜り、大和・丹波・丹後を開拓するために降臨された」と伝えられています。

彦火明命《ひこほあかりのみこと》は、代々この神社の宮司を務める海部《あまべ》氏の始祖※4とされ、彦火明命《ひこほあかりのみこと》から連なる系図が記された「海部氏系図」※5は国宝に指定されています。

ちなみに、現在の宮司さんは八十三代目です。一般的に「三代百年」といわれますから、単純計算するだけでもものすごい年数です。

天火明命《あめのほあかりのみこと》を京都の上賀茂《かみがも》神社の祭神である賀茂別雷神《かもわけいかずちのかみ》と同一神とする説もあり、その証拠（?）に、上賀茂神社の例大祭である「葵祭《あおいまつり》」と同名の「葵祭」がこちらでも行われているのです。

また、もしも天火明命《あめのほあかりのみこと》が、元伊《もとい》

✣ 瓊瓊芸命《ににぎのみこと》と天火明命《あめのほあかりのみこと》の系図

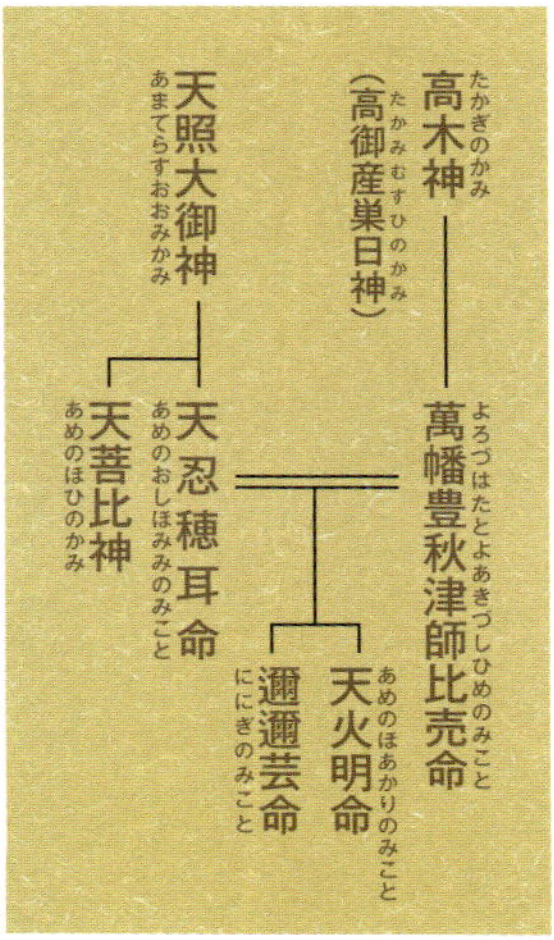

※3 元伊勢籠神社→P157

※4 海部氏の始祖
また「尾張氏の始祖」とも、天照国照彦天火明櫛玉饒《あまてるくにてるひこあめのほあかりくしたまにぎ》速日命《はやひのみこと》という名前では「物部氏の始祖」とも伝えられています

※5 海部氏系図
彦火明命から九代目にあたる日女命《ひめのみこと》は、またの名を倭《やまと》迹迹日百襲姫命《ととびももそひめのみこと》とされ、物議を醸しています。この姫は七代孝霊天皇の皇女で強い霊力をもち、十代崇神天皇の政治を助けた姫。そして卑弥呼ではないかと考えられている姫なのです。奈良県桜井市にある箸墓古墳はこの姫の陵墓と見られ、桜井市は「卑弥呼の里」としてPRしています

勢籠《せこの》神社の社伝のとおり、大和に降臨し、その地を開拓、君臨した神だとすると？　これまでに、すでにそんな神様が登場しているのを覚えていらっしゃるでしょうか？

大国主神《おおくにぬしのかみ》の国づくりのとき。盟友・少名毘古那神《すくなびこなのかみ》が常世の国へ旅立ってしまい、落ち込む大国主神《おおくにぬしのかみ》のもとに現われた神様、大物主神《おおものぬしのかみ》です。

「私を大和国《やまとのくに》の山の上に祀るのです」と大国主神《おおくにぬしのかみ》に告げた大物主神《おおものぬしのかみ》を「これが御諸山《みもろやま》の上に祀られている神です」と『古事記』は紹介しています。

「大物主神《おおものぬしのかみ》は大国主神《おおくにぬしのかみ》と同一神である」という説もありますが、「それは違うのではないかなあ」などと思います。大和を治めた大物主神《おおものぬしのかみ》がすなわち天火明命《あめのほあかりのみこと》なのでは……？

ちょっと調べるだけで、さまざまな説や謎が噴出してくる神。それがこの天《あめの》火明命《ほあかりのみこと》なのです。

道案内の神・猿田毘古神《さるたびこのかみ》

ともあれ、天孫・邇邇芸命《ににぎのみこと》がいよいよ天降《あも》ることになりました。

そのとき、自分の行く先を見下ろすと、高天原と葦原中国の間にある分かれ道に、一柱の神が立っているのが見えました。

その神から放たれる光は、上は高天原を照らし、下は葦原中国を照らして、まばゆいばかり。でも誰もその神の正体を知りません。

天照大御神《あまてらすおおみかみ》と高木神《たかぎのかみ》は、天宇受売神《あめのうずめのかみ》に「おまえは女人であるけれど、どんな敵に対しても迫力負けしない顔だから、行って誰だか聞いてこい」と、褒めているのだかなんだかわからないことを言って、その神のもとへ行かせます。

天宇受売神《あめのうずめのかみ》は、天《あめ》の石屋戸《いわやと》の前で神楽を舞った神様。『日本書紀』の一書ではこのときも「胸乳《むなぢ》を露《あらわ》にかきいでて」※6謎の神に近づいていったと記します。

天宇受売神《あめのうずめのかみ》に何者か尋ねられた謎の神は「私は国《くに》つ神《かみ》、名は猿田毘古神《さるたびこのかみ》と申します。天《あま》つ神《かみ》の御子が天降られると聞き、道案内をしようと思い、こうしてお待ちしているのです」と答えるのです。

猿田毘古神《さるたびこのかみ》の登場です。「サルタヒコ」という名前にはきっと聞き覚えがあるのではないでしょうか。このとき、案内役を買って出ていることから、「道の神」「旅の神」とされ、現在も私たちを幸せな方向へと導いてくれる神様として広く崇敬されています。

疫病や災害が村に入ってこないよう、村境や辻に祀られた道祖神※7。お地蔵様というイメージが強いかもしれませんが、猿田毘古神《さるたびこのかみ》が祀られていることも多いのです。これも「高天原と葦原中国の間の分かれ道に立っていた」とされる登場シーンのイメージが強いせい、なのですね。

※6　胸乳を露にかきいでて
乳房を露出して、さらに下も「陰部まで押し下げ」と記されています。古代日本において性的なことを強調することは子孫繁栄につながる縁起のいいものでした。地方のお祭りには今も、巨大な男性器の形をした神輿を担いだり、神楽にも性交そのものを表現したりするものがあります

※7　道祖神
『日本書紀』にある、伊邪那岐命が黄泉の国から逃げてきたとき「ここを越えて来るな」と言って投げた杖がはじまりではないかとも考えられています。この世とあの世との境界線、外部

猿田毘古神《さるたびこのかみ》は、鼻が長い大男とされ、天狗と混同されることも多いのです。今でも神社の祭礼の行列は、天狗の面をつけた人が先導していることが多いのですが、これも天狗ではなく、猿田毘古神《さるたびこのかみ》なのですよ。

からの邪霊や疫神の進入を防ぐものとして、弥生時代の遺跡からも人の形をした木偶などが発見されています

地上に降りた神々

天照大御神《あまてらすおおみかみ》は、天児屋命《あめのこやねのみこと》、布刀玉命《ふとだまのみこと》、天宇受売命《あめのうずめのみこと》、伊斯許理度売命《いしこりどめのみこと》、玉祖命《たまのやのみこと》の五柱の神を「五伴緒《いつとものお》」として、邇邇芸命《ににぎのみこと》に従わせ、天降《あも》らされました。

また八尺《やさか》の勾玉《まがたま》、鏡、草那芸剣《くさなぎのつるぎ》、常世思金神《とこよおもいかねのかみ》、手力男神《たぢからおのかみ》、天石門別神《あめのいわとのわけのかみ》を与え、「この鏡を私の御魂として、私の前で私を拝むように奉りなさい。また思金神《おもいかねのかみ》は政ごとをしっかりと行いなさい」※8とおっしゃいました。

天照大御神《あまてらすおおみかみ》の御魂代の鏡と思金神《おもいかねのかみ》は、今も伊勢の内宮、五十鈴《いすず》の宮に祀られています。登由宇気神《とようけのかみ》は外宮の度相《わたらい》に祀られています。

猿田毘古神《さるたびこのかみ》の先導で、葦原中国へ天降っていく邇邇芸命《ににぎのみこと》に、天照大御神《あまてらすおおみかみ》はたくさんの神様を付き添わせました。

「五伴緒《いつとものお》」とされる五柱の神様に、思金神《おもいかねのかみ》、手力男神《たぢからおのかみ》はいずれも天《あめ》の石屋戸《いわやと》で活躍した神様たちです。

※8 「この鏡を～」
「宝鏡奉斎の神勅」として、日本建国にあたり、天照大御神が下された大切な言葉「三大神勅」のひとつとされています（68ページ参照）

邇邇芸命《ににぎのみこと》に随う神々

五伴緒《いつとものお》

天児屋命《あめのこやねのみこと》……言霊を司る神
布刀玉命《ふとだまのみこと》……祭祀を担う忌部首《いんべのおびと》の祖
天宇受売命《あめのうずめのみこと》……芸能の女神
伊斯許理度売命《いしこりどめのみこと》…作鏡連《かがみつくりのむらじ》の祖
玉祖命《たまのやのみこと》……玉祖連《たまのやむらじ》の祖

常世思金神《とこよおもいかねのかみ》……知恵の神
天手力男神《あめのたちからおのかみ》……怪力の神
天石門別神《あめのいわとのわけのかみ》……宮廷の御門を守る神

猿田毘古神《さるたびこのかみ》……道の神・旅の神

一柱だけ、天石門別神《あめのいわとのわけのかみ》という初見の神様が登場していますが、この神様のことを『古事記』は「またの名を櫛石窓神《くしいわまどのかみ》といい、またの名を豊石窓神《とよいわまどのかみ》といいます。この神は宮廷の御門を守る神です」と説明しています。

葦原中国、すなわち今現在、私たちが暮らすこの地に降りてきた神々。その事実を証明するように、『古事記』はこの段で神々をリアルに紹介していきます。

手力男神《たちからおのかみ》は「佐那那県《さなながた》に祀られている」とします。これは三重県多気《たき》郡多気町に鎮座する佐那《さな》神社※9のこと。

天児屋命《あめのこやねのみこと》は「中臣連《なかとみのむらじ》の祖」※10であるとされます。天《あめ》の石屋戸《いわやと》の話において、天児屋命《あめのこやねのみこと》は布刀玉命《ふとだまのみこと》と神意をはかる占いをしました。その関係から、布刀玉命《ふとだまのみこと》を祖神とする「忌部首《いんべのおびと》」という氏族とともに、大和朝廷の神事・祭祀を担っていくのです。また、祝詞《のりと》をあげたことから、言霊

※9 佐那神社
伊勢の神宮と同様、二十年に一度、社殿の造営があったなど、特に外宮との関係の深さが伝えられています

※10 中臣連
P131の注でも紹介した中臣鎌足《なかとみのかまたり》につながります。鎌足の子、不比等の系統はその後、藤原姓を名乗りましたが、中臣家の本流は中臣姓を名乗り、祭祀職を継いでいきました

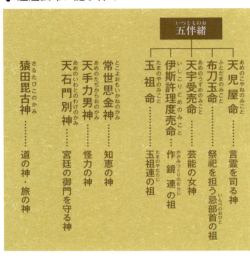

を司る神ともされています。

天児屋命《あめのこやねのみこと》は奈良の春日大社に建御雷神《たけみかづちのかみ》とともに祀られています。※11 また大阪府東大阪市の枚岡《ひらおか》神社※12から、春日大社へ分祀されたとされ、枚岡《ひらおか》神社は「元春日」とも呼ばれています。

布刀玉命《ふとだまのみこと》が祀られているのは、奈良県橿原市の天太玉命《あめのふとだまのみこと》神社。※13 ここは布刀《ふと》玉命《だまのみこと》を祖神とする忌部首の本拠地であったようで、住所はズバリ「忌部《いんべ》町」です。

また阿波国《あわのくに》、現在の徳島県は布刀玉命《ふとだまのみこと》の御孫神である天富命《あめのとみのみこと》が開拓したと伝わる地。その地には、布刀玉命《ふとだまのみこと》を大麻比古大神《おおあさひこのおおかみ》として祀った大麻比古神社※14が鎮座しています。

阿波国からさらに肥沃な土地を求め、海を進んだ氏族は房総半島へと移り住みます。房総が「安房《あわ》」というのは、「阿波国」からきたものなのですね。

現在の千葉県館山市にも安房神社※15が鎮座し、千葉県君津市の大原神社※16には、布《ふ》刀玉命《とだまのみこと》が、天児屋命《あめのこやねのみこと》とともに祀られています。

三種の神器《じんぎ》

天《あめ》の石屋戸《いわやと》で、天照大御神《あまてらすおおみかみ》の気を引くための鏡を作った伊斯許理度売命《いしこりどめのみこと》は、作《つくり》

※11 建御雷神らとともに祀られています
建御雷神も天児屋命もともに氏神となります

※12 枚岡神社→P158

※13 天太玉命神社
天太玉命の御子神という三柱の神もともに祀られています

※14 大麻比古神社→P158

※15 安房神社→P158

※16 大原神社
室町時代後期、奈良の春日神社（大社）より分祀されたと伝えられます

鏡連《かがみのむらじ》の祖とされています。

同じく、八尺《やさか》の勾玉《まがたま》をたくさんつないだ珠飾りを作った玉祖命《たまのやのみこと》は玉祖連《たまのやむらじ》の祖とされています。

この神様たちのことをお話しするには「三種の神器」についての説明が必要です。

「三種の神器」とは、天照大御神《あまてらすおおみかみ》から邇邇芸命《ににぎのみこと》に授けられたとされる「鏡」「八《や》尺《さか》の勾玉」「草那芸剣《くさなぎのつるぎ》」のこと。皇位のしるしとして、現在まで代々の天皇に受け継がれているものです。

鏡は伊斯許理度売命《いしこりどめのみこと》が作ったもので、「八咫《やた》の鏡」といわれます。

「八尺の勾玉」は玉祖命《たまのやのみこと》が作ったもの、そして「草那芸剣」は須佐之男命《すさのおのみこと》が八俣大蛇を倒したときに、大蛇の腹から出てきた剣※17です。

「三種の神器」は長く宮中に祀られていましたが、十代崇神《すじん》天皇がその力のあまりの強さを恐れ、「鏡」「草那芸剣」を外で祀ることにしたと伝えられています。

少々ややこしい話になりますが、このことを記す『日本書紀』では、外に祀ったのは「鏡」「草那芸剣」ではなく、天照大神《あまてらすおおみかみ》・倭大国魂《やまとおおくにたま》※18の二柱となっています。

天照大御神《あまてらすおおみかみ》が邇邇芸命《ににぎのみこと》に三種の神器を託すとき、「この鏡を私の御魂として、私の前で私を拝むように奉りなさい」と言っており、この「鏡」は天照大御神《あまてらすおおみかみ》

※17 大蛇の腹から出てきた剣
その後、須佐之男命により天照大御神に献上されたと『古事記』は伝えています

※18 天照大神・倭大国魂
『日本書紀』は続けて、天照大神は皇女・豊鍬入姫《とよすきいりびめの》命《みこと》に託し、倭大国魂は渟名《ぬな》

三種の神器の遷座

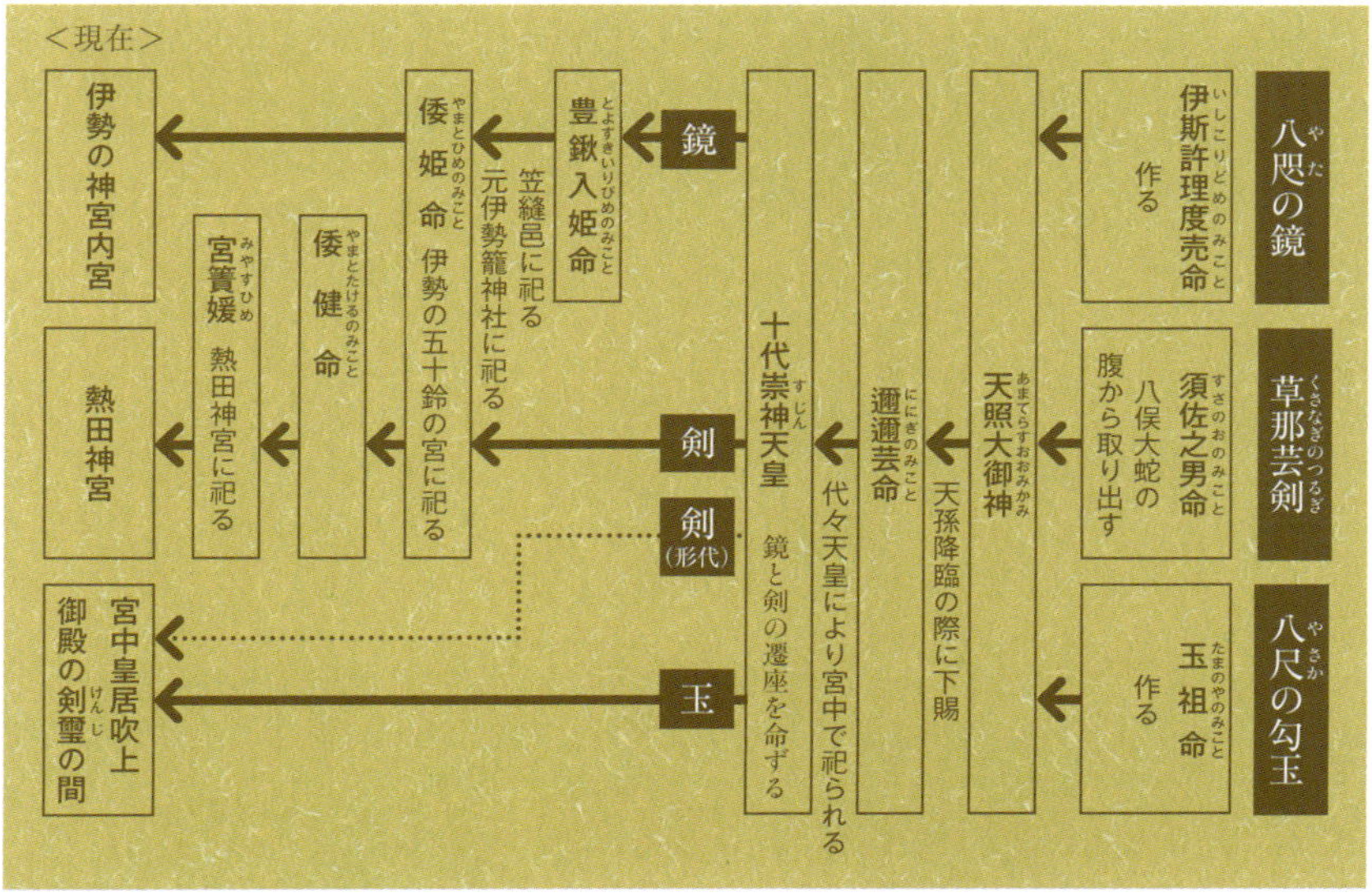

そのものであるとされているのですね。

「鏡」は崇神天皇の命を受けた皇女・豊鍬入姫命《とよすきいりびめのみこと》がまず倭《やまと》の笠縫邑《かさぬいむら》※19に祀り、その後、先に紹介した元伊勢籠《この》神社に祀ったとされます。そして、ここから倭姫命《やまとひめのみこと》※20により伊勢の地に遷されたと※21いわれているのです。

『古事記』はそのまま「天照大御神《あまてらすおおみかみ》の御魂代の鏡と思金神《おもいかねのかみ》は五十鈴《いそすず》の宮に祀られている」と伝えます。

「五十鈴の宮」は現在の伊勢の神宮内宮のこと。五十鈴川の上流にある聖地を御鎮座にふさわしい場所と定め

城入姫命《きいりびめのみこと》に託したとします。奈良県天理市にある大和《おおやまと》神社はそのときに創建されたとされ、今も倭大国魂を祀っています

※19　笠縫邑
この「笠縫邑」であるという地は現在、奈良県内に多数あり、特定には到っていません

※20　倭姫命
十一代垂仁天皇の皇女。神の意を受ける御杖代《みつえしろ》として伊勢の神宮に奉仕しました。この職は斎宮《さいぐう》と呼ばれ、未婚の皇女が継承していきました

※21　伊勢の地に遷された
このため、籠神社には「元伊勢」という名がついているのです

たのです。

『古事記』は続けて、少々唐突ですが「登由宇気神《とようけのかみ》は外宮の度相《わたらい》に祀られています」と記します。この登由宇気神は豊受大御神《とようけのおおみかみ》※22のこと。この記述どおり、現在、伊勢の神宮外宮に祀られています。

もうひとつ、「草那芸剣」について『古事記』は「伊勢の大御神宮に、叔母である倭比売命《やまとひめのみこと》を訪ねた倭健命《やまとたけるのみこと》※23に賜った」と記しています。

この記述により、「草那芸剣」も「鏡」と一緒に伊勢の神宮に祀られていたとされているのです。

倭健命《やまとたけるのみこと》に託された「草那芸剣」は倭健命《やまとたけるのみこと》の死後、后である宮簀媛《みやすひめ》によって祀られました。

それが現在の熱田神宮※24（愛知県名古屋市）。御祭神は「熱田大神《あつたおおかみ》」の名で呼ばれていますが、「草那芸剣を御霊代《みたましろ》とする天照大御神《あまてらすおおみかみ》」のことなのです。

以上、「三種の神器」のうち、「鏡」と「草那芸剣」が今日まで大切に伝わっていることがわかりました。さて、残る神器「八尺の勾玉」はどこにあるのでしょう？

これはそのまま、現在も宮中にあります。皇居吹上御殿の剣璽《けんじ》の間に、「草那芸剣」の形代《かたしろ》※25（複製）とともに、「皇位のしるし」として大切に祀られているのです。

※22 豊受大御神
元伊勢籠神社に古く祀られており、そのため天照大御神（鏡）が笠縫邑から遷ってきたと伝えられています

※23 倭健命
十二代景行天皇の皇子。父に命じられ、東西の敵を討ち果たす功績を挙げながら、若くして悲劇の死を迎えます。「スーパー歌舞伎」でもおなじみで、平成二十四年、四代目市川猿之助襲名披露公演でも上演されました

※24 熱田神宮→P158

※25 形代
本物は熱田神宮に祀られている、壇ノ浦の戦いのとき

に平家とともに海中に沈んだ、宮中にあるのが本物だなど、さまざまな説があります

昭和天皇が崩御されたとき、宮中では「剣璽等承継の儀」が厳かに行われ、「八尺の勾玉」と「草那芸剣」が今上陛下へと引き継がれました。そして今また、今上陛下が御譲位されるとき、皇太子殿下へと引き継がれ、新たな天皇が御誕生されるのです。

伊斯許理度売命《いしこりどめのみこと》と玉祖命《たまのやのみこと》

現在、伊勢の神宮に御神体として祀られる「鏡」を作った伊斯許理度売命《いしこりどめのみこと》。奈良県磯城郡田原本町は、伊斯許理度売命《いしこりどめのみこと》を祖神とする作鏡連《つくりかがみのむらじ》の本拠地とされ、鏡作坐天照御魂《かがみつくりにますあまてるみたま》神社[※26]が鎮座しています。

作鏡連は、鏡作りの専門集団「鏡作部《かがみつくりべ》」を統率した氏族。鏡作坐天照御魂《かがみつくりにますあまてるみたま》神社の社伝は、崇神天皇が「鏡」を笠縫邑に遷されたとき、代わりに宮中に祀る神鏡を伊斯許理度売命《いしこりどめのみこと》の子孫である彼らに作らせたと伝えます。その際、試しに作った鏡を御神体として祀ったの[※27]が鏡作坐天照御魂《かがみつくりにますあまてるみたま》神社だというのですね。

そして、「八尺の勾玉」を作った玉祖命《たまのやのみこと》は玉祖連《たまのやのむらじ》の祖とされています。玉祖連は、玉作りの専門集団「玉作部《たまつくりべ》」を統率した氏族です。

ここでいう「玉」とは勾玉のこと。

※26　鏡作坐天照御魂神社　十代崇神天皇の御世の創建。参道も広く堂々とした姿を残しています

※27　試しに作った鏡を御神体として祀った　天照大御神の御魂代である「鏡」の試作品ですから、主祭神は天照大御神かと思いきや、なぜか天照国照日子火明命《あまてるくにてるひこほあかりのみこと》なのです。やはり天火明命、謎深き神様です

玉祖命を祀る山口県防府市の玉祖神社《たまのおやじんじゃ》※28の社伝は、玉祖命《たまのやのみこと》がこの地で没したと伝えます。それを証明するように、神社の近くには「玉の石屋」という玉祖命《たまのやのみこと》の墳墓まであるのです。

また、島根県松江市にある玉造《たまつくり》温泉。少名毘古那神《すくなびこなのかみ》が見つけたとされ、『出雲国風土記』にも「一度入れば、肌がまぶしいほどに美しくなり、再び入れば万病すべて治るため、『神の湯』と呼ばれている」と記されている、大変古い歴史を誇る温泉です。

温泉としての歴史と同様に古いのが「玉作りの地」としての歴史。国の指定遺跡ともなっている「玉作り遺跡」は弥生時代末期には、この地で玉が作られていたことを証明しています。

この遺跡を「境内」とするのが、玉作湯《たまつくりゆ》神社※29。主祭神の櫛明玉命《くしあかるたまのみこと》は玉祖命《たまのやのみこと》の別名です。少彦名神《すくなびこなのかみ》（少名毘古那神《すくなびこなのかみ》）とともに、「温泉療法の神」として大国主神《おおくにぬしのかみ》と同一※30とされる大名持神《おおなもちのかみ》も祀られています。

邇邇芸命《ににぎのみこと》が天降られた場所は？

こうして天津日子番能邇邇芸命《あまつひこひこほのににぎのみこと》は高天原の御座を離れ、八重にたなびく雲を押し分け、威風堂々と道を掻き分け掻き分けし、天《あめ》の浮橋《うきはし》にお立ちになりました。

※28 玉祖神社
周防国一宮。現在では、メガネ、カメラ、時計、宝石などの守護神ともされています

※29 玉作湯神社→P159

※30「温泉療法の神」としての大国主神
「稲羽の素兎」のところでも出てきましたが、大国主神は医療の知識に長けていたようで、温泉療法も人々に広めたのでしょうね

そして竺紫の日向の高千穂の久士布流多気《くじふるたけ》に天降《あも》られたのです。

「ここは韓国《からくに》に向かい、笠沙の岬にも真っ直ぐに道が通っている。そして朝日がまぶしく、夕陽が美しい国だ。ここはとてもいい場所だ」とおっしゃって、地底の磐深く、太い宮柱を立て、高天原《たかまのはら》に届くほど千木を高く上げた立派な宮殿を建てられました。

✣天孫降臨の場所

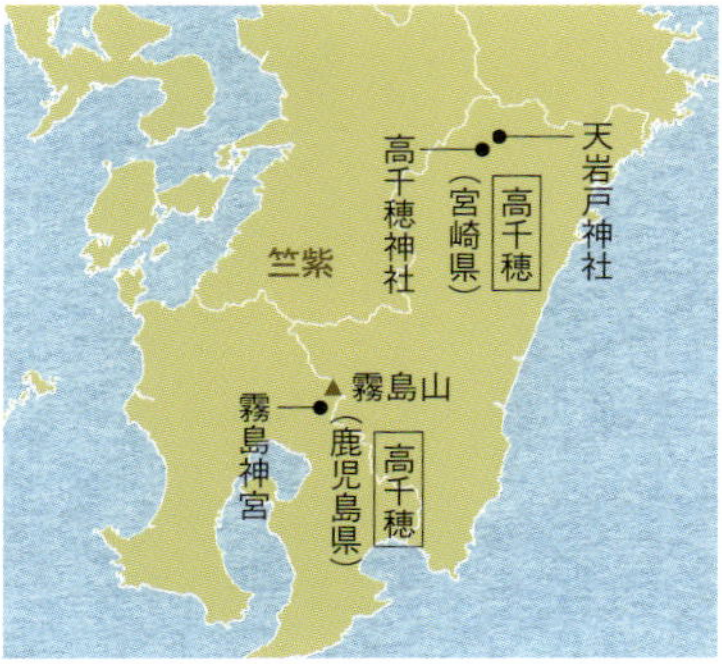

こうして、今の皇室につながる神様が地上に降りられました。

降りられた場所は「竺紫の日向の高千穂の久士布流多気《くじふるたけ》」であるとされます。

これは鹿児島県の高千穂峰であるとも、宮崎県臼杵郡の高千穂町であるともされ、いまだに結論を得ていません。

鹿児島県の高千穂峰、邇邇芸命《ににぎのみこと》が天降った場所とされる霧島山には、邇邇芸命《ににぎのみこと》を主祭神とする霧島神宮※31が鎮座しています。

もとは噴火口のそばにあったという社殿は噴火のたびに焼失し、現在の社殿は江戸時代に建てられたもの。壮麗な社殿の背後にそびえる高千穂峰の山頂には、いつの時代のものともわからない天の逆鉾が「こここそが天孫《てんそん》

※31 霧島神宮→P159

降臨の場」と証明しているかのように立てられています。

一方、宮崎県臼杵郡の高千穂町は、邇邇芸命《ににぎのみこと》からの三代の宮である高千穂宮があった場所とされ、三代とその后神を祀った高千穂神社[※32]が鎮座しています。

第三章で紹介した天岩戸神社があるのもこの地。渓谷の合間、狭い土地を活用した棚田には豊かに稲穂が実り、まさに「太陽の恵みを受けて、稲穂がにぎにぎしく実る」という邇邇芸命《ににぎのみこと》の名のままの景色が広がります。

かたや初めてなのになぜか懐かしさを覚えるのどかな田園風景、かたや今なお息づく活火山が形成した雄大な風景。二つの高千穂の対照的な景色を前にすると、そこから展開される神話までもが違った表情を見せてくる気持ちになります。

江戸時代から続く高千穂論争

江戸時代の国学者、本居宣長《もとおりのりなが》[※33]は『古事記』について研究し、『古事記伝』という全四十四巻からなる壮大な注釈書を書き上げました。かかった年数は実に三十五年。この書物は現在の古事記研究にも多大な影響を与えています。

この本の中で、宣長はこの二つの地名を高千穂候補として挙げ、さまざまに検証しています。そして「何れを其れと一方には決めがたくなむ、いとまぎら

※32 高千穂神社→P159

※33 本居宣長
享保十五年（一七三〇）、伊勢国松阪の木綿商の家に生まれましたが、商人には向かないと医師になります。『古事記』は寛永二十一年（一六四四）に初めて刊行

はし」と結論づけているのです。

　この宣長の説に対し、江戸時代にも反対意見が飛び出し、すでに「高千穂論争」がはじまっています。

　こんなに古い時代から、それはそれは多くの専門家の方々が人生をかけて研究してこられている問題です。簡単に白黒つけられなくて当然なのですが、この論争を頭の片隅に置き、実際に二つの地を歩いてみると、いっぱしに何か言ってみたくなってくるから不思議です。

『古事記』は私たち日本人の原点を教えてくれるとともに、そんなとびきりのドキドキワクワクをプレゼントしてくれる玉手箱。そんなふうに思えてなりません。

邇邇芸命《ににぎのみこと》が天降られたことで、九州を舞台にした新たな神話が紡がれていきます。『海幸彦《うみさちひこ》 山幸彦《やまさちひこ》』のお話を、子どもの頃に絵本で読んでもらった人も多いはず。このお話も、この後に続く神話のひとつ、なのですよ。

　ここから先も、さらに個性的な神様と素晴らしい神社との出会いにあふれているのです。


され、宣長もそれを読み、生業の傍ら研究を続けました。享和元年（一八〇一）没。宣長が持っていた『古事記』（本居宣長記念館所蔵・三重県松阪市）には書き込みや付箋が多数あり、宣長という人物の息づかいが感じられます

猿田毘古神と天宇受売神

天孫降臨の最中、衝撃の出会いを果たした猿田毘古神と天宇受売神。
その後の二人もなかなか興味深いのです。

猿田毘古神《さるたびこのかみ》の案内で無事に天降った邇邇芸命《ににぎのみこと》は、天宇受売神《あめのうずめのかみ》に、猿田毘古神を元いた地まで送り届けるように命じ、「この神の名をお前の名として仕えなさい」と言います。

このため天宇受売神は「猿」の字を取り、猿女君《さるめのきみ》と呼ばれるようになりました。『日本書紀』の一書には、猿田毘古神が「吾は伊勢の狭長田《さなだ》の五十鈴の川上に到るべし」と言い、天宇受売神とともにそこに暮らしたと記されています。『古事記』『日本書紀』などには記されていませんが、その後、二柱は夫婦になったようで、猿田毘古神を祀る神社では必ずといっていいほど、天宇受売神がともに祀られています。

現在、三重県の伊勢の神宮内宮の近くに鎮座する猿田彦《さるたひこ》神社。摂社・佐瑠女《さるめ》神社には天宇受売神が芸能の神として祀られています。

ちょっと話は飛びますが、伊勢の神宮が現在の地に鎮座したのも、猿田毘古神が関係しているのですよ。十一代垂仁天皇の時代、天皇の命により天照大御神の御魂を鎮める地を探して諸国をめぐっていた倭姫命《やまとひめみこと》に、猿田毘古神の末裔である大田命《おおたのみこと》が、猿田毘古神が開拓した聖地であるこの地をすすめたのです。

その子孫である宇治土公《うじとこ》家は伊勢の神宮の重要な役職を務めると同時に、代々、この猿田彦神社の宮司を務めています。

三重県鈴鹿市にある椿大神社《つばきおおかみやしろ》には、猿田彦大神《さるたひこのおおかみ》（猿田毘古神）の墳墓と伝わる神陵が残され、猿田彦大神の子孫という山本家が宮司を務めています。もちろんこちらにも、天之鈿女命《あまのうずめのみこと》（天宇受売神）は「妻神」として祀られています。

また島根県松江市の佐太《さだ》神社に祀られる佐太大神《さだおおかみ》は猿田毘古神であるともいわれています。佐太神社から北東に10kmほどのところにある、海に面した洞窟「加賀の潜戸《くけど》」は佐太大神の出生の地とされるところ。佐太大神の母神である支佐加比売命《きさかひめのみこと》が弓矢で貫通させたため洞窟になったと伝えられています。現在はその洞窟内を潜り抜ける観光グラスボートも出航されており、神秘的な空間を体感することができます。

神話めぐりの旅の手帖……… 4

ついに邇邇芸命が、
葦原中国に天降られます。
天孫降臨に付き従う多彩な神々は
それぞれ役割をもち、氏神となって、
三種の神器とともに
今の日本につながっているのです。

真《ま》清《すみ》田《だ》神社

P141

初代神武天皇の御世、御祭神である天火明命《あめのほあかりのみこと》が尾張の地を開拓したと伝えられています。摂社の服織神社の「一宮七夕まつり」は日本三大七夕祭のひとつに数えられています。尾張国一宮。

◉［主祭神］天火明命　愛知県一宮市真清田1-2-1　☎0586・73・5196　JR東海道本線尾張一宮駅より徒歩8分

社殿は昭和の戦災で焼失。その後、尾張造りを忠実に再現し、再興された。写真は「一宮七夕まつり」時、飾り付けされた本殿

元《もと》伊《い》勢《せ》籠《この》神社

P142

社殿は伊勢の神宮と同じ唯一神明造り。高欄の五色の座玉（青、黄、赤、白、黒）は伊勢の神宮と当社にしか許されないもの。格の高さを示します

彦火明命《ひこほあかりのみこと》が氏神である豊受大神《とようけのおおかみ》をお祀りしたのが創祀と伝えられます。大和の笠縫邑から遷られた天照大神とともに、伊勢にお遷りになられた後、彦火明命が主祭神とされました。養老三年（七一九）、現在地に遷座。旧地は奥宮真名井神社となっています。丹後国一宮。

◉［主祭神］彦火明命《ひこほあかりのみこと》　京都府宮津市字大垣430　☎0772・27・0006　京都縦貫自動車道与謝天橋立ICより車15分

枚岡《ひらおか》神社

P147

本殿には、四柱の主祭神を祀る四つの社殿が並びます。妻入りの正面に屋根を張り出させた造りは枚岡造りとも、春日造りと呼ばれ、両社の関係の深さを物語ります

初代神武天皇が即位する三年前に、平国祈願のため霊地神津嶽に天児屋根命《あめのこやねのみこと》と后神の比売御神《ひめみかみ》をお祀りしたのが創祀と伝えられています。白雉元年（六五〇）、山麓の現在地へ遷座されました。元宮は神津嶽本宮とされ、瀬戸内海、淡路島までが一望できます。河内国一宮。

◉［主祭神］天児屋根命、比売御神、経津主命、武甕槌命　🏠大阪府東大阪市出雲井町7-16　☎072・981・4177　近鉄奈良線枚岡駅より徒歩3分

大麻比古《おおあさひこ》神社

P147

初代神武天皇の御世、天太玉命《あめのふとだまのみこと》の御孫神である天富命《あめのとみのみこと》が阿波国に移住し、開拓の守護神として天太玉命をお祀りしたと伝わります。阿波国一宮。

◉［主祭神］大麻比古大神（天太玉命）、猿田彦大神　🏠徳島県鳴門市大麻町坂東字広塚13　☎088・689・1212　JR高徳線坂東駅より車5分

安房《あわ》神社

P147

阿波国を開拓した天富命は黒潮に乗り、房総半島南部に上陸。阿波国と同様、麻や楮を植え、開拓に努めました。その際、男神山・女神山に天太玉命をお祀りしたのが創祀とされています。安房国一宮。

◉［主祭神］天太玉命　🏠千葉県館山市大神宮589　☎0470・28・0034　JR内房線館山駅よりバス25分

熱田神宮

P150

十二代景行天皇の御世、日本武尊《やまとたけるのみこと》の薨去に伴い、后である宮簀媛が、草薙神剣《くさなぎのみつるぎ》を尾張一族の霊地である熱田に祀ったのが創祀。武家の崇敬篤く、織田信長が奉納した土塀が今も残ります。「世様神事《よだめし》」など特殊神事が多いことでも有名です。

◉［主祭神］熱田大神　🏠愛知県名古屋市熱田区神宮1-1-1　☎052・671・4151　名鉄名古屋本線神宮前駅より徒歩3分

尾張造りだった本殿は、明治より伊勢の神宮にならい、唯一神明造りに。境内外に本宮・別宮合わせ四十三社あり、上知我麻神社の初えびすは正月の風物詩です

玉作湯神社

P152

天平五年(七三三)以前の創祀。玉作り遺跡の中に鎮座します。境内には御神水が湧き、願いごとを叶えてくれるという「願い石」も祀られています。

◉［主祭神］櫛明玉神《くしあかるだまのかみ》（玉祖命《たまのおやのみこと》）、大名持神《おおなもちのかみ》（大国主命）、少彦名神《すくなひこなのかみ》 ⌂島根県松江市玉湯町玉造508 ☎0852・62・0006 JR山陰本線玉造温泉駅より車5分

現在の社殿は江戸末期の造営。参拝後には、少彦名神ゆかりの玉造温泉を満喫したいもの。日帰り入浴可の温泉宿も多数あります

霧島神宮

P153

噴火によりたびたび社殿が焼失。現在の社殿は江戸時代初期、噴火口から離れたところに薩摩藩二十一代藩主・島津吉貴により再興されたものです

瓊瓊杵尊《ににぎのみこと》が天降った高千穂の峰に、神代より鎮座。高千穂河原にある古宮址は、霊峰に向かって鳥居が立つのみですが、斎場らしい気に満ちあふれています。ぜひ立ち寄って。

◉［主祭神］天饒石国饒石天津日高彦火瓊瓊杵尊《あめにぎしくににぎしあまつひたかひこほのににぎのみこと》 ⌂鹿児島県霧島市霧島田口2608-5 ☎0995・57・0001 JR日豊本線霧島神宮駅よりバス10分

高千穂神社

P154

初代神武天皇の兄、三毛入野命《みけぬのみこと》が瓊々杵尊《ににぎのみこと》とその后神である木花開耶姫《このはなさくやひめ》以降、三代の夫婦神を祀られたのが創祀。高千穂皇神《たかちほすめがみ》は六柱の総称です。三毛入野命の子孫が長く奉仕し、三毛入野命と后神、御子神八柱を十社大明神として祀りました。境内には悩みや世の乱れを鎮めてくれるという鎮石が。神楽保存館では毎晩、高千穂神楽が鑑賞できます。

◉［主祭神］高千穂皇神、十社大明神 ⌂宮崎県西臼杵郡高千穂町大字三田井1037 ☎0982・72・2413 延岡道路延岡JCTより車30分

毎年十一月二十二日と二十三日の両日には高千穂神楽全三十三番が奉納されます

猿田彦神社

P156

猿田彦大神の子孫である宇治土公《うじとこ》家が邸内に大神をお祀りしていたものを明治に神社としました。境内にある方位石は長く御神座のあった神聖な場所です。佐瑠女神社には妻神といわれる天宇受売命が奉られます。

◉［主祭神］猿田彦大神、大田命 ⌂三重県伊勢市宇治浦田2-1-10 ☎0596・22・2554 近鉄鳥羽線五十鈴川駅より車5分

伊勢の神宮内宮近くに鎮座。本殿裏には御神田があり、毎年五月五日には三重県無形文化財指定の「御田祭」が行われます

椿大神社《つばきおおかみやしろ》

P156

三年に一度、氏子地区をはじめ三河地方にまで巡舞される獅子神御祈祷神事は四十五代聖武天皇の勅願ではじめられたと伝わる「日本最古の獅子舞」です

神代より猿田彦大神をお祀りしていたのを、十一代垂仁天皇の御世、倭姫命のご神託により社殿を造営したと伝わります。奥宮が鎮座する入道ケ嶽山頂一体には、磐座が多数あり、太古からの信仰を感じさせます。伊勢国一宮。

◉［主祭神］猿田彦大神 ⌂三重県鈴鹿市山本町1871 ☎059・371・1515 近鉄四日市駅よりバス55分

佐《さ》太《だ》神社

P156

古来、佐太大神（猿田毘古大神）を島根半島一円である狭田国《さだのくに》の祖神としてお祀りしてきました。『出雲国風土記』には、大国主神を蘇生させた支佐加比売命《きさかひめのみこと》を母に、加賀の潜戸《くけど》という洞窟で生まれたと記されています。杵築（出雲）大社、日御崎大社（神社）とともに出雲国三大社とされてきました。

◉［主祭神］佐太大神 ⌂島根県松江市鹿島町佐陀宮内73 ☎0852・82・0668 JR山陰本線松江駅よりバス25分

大社造りの社殿が三つ並ぶ本殿。正殿を軸として、南北の社殿が対照的に造られており、向かって左の南殿は通常の大社作りとは逆の構造になっています

巻末資料

掲載神社リスト

この本で紹介した神社とその基本情報をまとめています。

※複数ページにわたり紹介している場合は、主な掲載ページを載せています。
※「神話めぐりの旅の手帖」で詳しく紹介している場合は、そちらのページをご参照ください。

第一章　国生み

P14　水天宮
御祭神：天御中主大神、安徳天皇、建礼門院、二位の尼
住所：東京都中央区日本橋蛎殻町2-4-1
TEL：03･3666･7195
アクセス：東京メトロ半蔵門線水天宮駅より徒歩１分

P14　赤丸浅井神社
御祭神：八河江比売神、高皇産靈神
住所：富山県高岡市福岡町赤丸5323
アクセス：JR北陸本線福岡駅よりバス15分

P14　伊弉諾神宮→P44

P15　玉置神社→P44

P16　相馬太田神社
御祭神：天之御中主大神
住所：福島県南相馬市原町区中太田字舘腰143
TEL：0244･23･2058
アクセス：JR常磐線原ノ町駅よりバス20分※

P16　相馬小高神社
御祭神：天之御中主神
住所：福島県南相馬市小高区小高字古城13
TEL：0244･44･2323
アクセス：JR常磐線小高駅より車５分※

P16　相馬中村神社
御祭神：天之御中主神
住所：福島県相馬市中村字北町140
TEL：0244･35･3363
アクセス：JR常磐線相馬駅より徒歩15分※

P17　秩父神社
御祭神：八意思兼命、知知夫彦命、天之御中主神、秩父宮雍仁親王
住所：埼玉県秩父市番場町1-3
TEL：0494･22･0262
アクセス：西武秩父線西武秩父駅より徒歩15分

P19　丹生都比売神社
御祭神：丹生都比売大神、高野御子大神、大食都比売大神、市杵島比売大神
住所：和歌山県伊都郡かつらぎ町上天野230
TEL：0736･26･0102
アクセス：JR和歌山線妙寺駅、笠田駅より車15分

P21　諭鶴羽神社
御祭神：伊弉冉尊
住所：兵庫県南あわじ市灘黒岩472番地
FAX：0799･56･0315
アクセス：国道28号「立石交差点」を南へ、上田池方面へ車10分

P22　おのころ神社→P45

P24　大山祇神社→P45

P24　三嶋大社→P45

P24　伊勢の神宮→P46

P25　南宮大社
御祭神：金山彦命
住所：岐阜県不破郡垂井町宮代1734-1
TEL：0584･22･1225
アクセス：JR東海道本線垂井駅より徒歩10分

※ＪＲ常磐線、およびバスについて、東日本大震災の影響で一部不通区間がある可能性があります。お出かけになる前に最新の情報をご確認ください。

P38 白山比咩神社→P47

P38 揖夜神社→P47

P40 熊野本宮大社→P47

P32 熊野速玉大社→P48

P32 熊野那智大社→P48

P40 伊蘇乃佐只神社
御祭神：神直毘神、大直毘神
住所：鳥取県八頭郡八頭町安井宿字宮ノ後297
TEL：0858·76·0208（八頭町観光協会）
アクセス：若桜鉄道線安部駅より徒歩5分

P40 海神社
御祭神：底津綿津見神、中津綿津見神、上津綿津見神
住所：兵庫県神戸市垂水区宮本町5-1
TEL：078·707·0188
アクセス：JR山陽本線山陽垂水駅より徒歩1分

P41 志賀海神社
御祭神：底津綿津見神、中津綿津見神、上津綿津見神
住所：福岡県福岡市東区大字志賀島877
TEL：092·603·6501
アクセス：西鉄バス志賀島より徒歩10分

P42 住吉大社→P48

第二章　黄泉の国

P29 貴船神社→P46

P30 秋葉山本宮秋葉神社
御祭神：火之迦具土大神
住所：静岡県浜松市天竜区春野町領家841
TEL：053·985·0111
アクセス：新東名浜松浜北ＩＣより車30分

P31 比婆山久米神社
御祭神：伊邪那美大神
住所：島根県安来市伯太町横屋844-1
アクセス：山陰道安来ICより車15分

P32 熊野神社
御祭神：伊邪那美神
住所：広島県庄原市西城町大字熊野字熊野1160
TEL：0824·82·2727（西城町観光協会）
アクセス：JR備後西城駅より車20分

P32 花の窟神社→P46

P33 畝尾都多本神社
御祭神：泣澤女神
住所：奈良県橿原市木之本町
TEL：0744·21·1115（橿原市観光課）
アクセス：JR桜井線香久山駅より徒歩20分

P36 桃太郎神社
御祭神：大神実命
住所：愛知県犬山市栗栖大平853
TEL：0568·61·1586
アクセス：名鉄犬山遊園駅より車5分

第三章　天の石屋戸

P53 八坂神社→P81

P54 氷川神社→P81

P54 津島神社→P82

P55 多賀大社→P83

P59 宗像大社→P83

P60 厳島神社→P83

P61 江島神社
御祭神：多紀理比賣命、市寸島比賣命、田寸津比賣命
住所：神奈川県藤沢市江の島2-3-8
TEL：0466·22·4020
アクセス：江ノ島電鉄江ノ島駅より徒歩20分

P61 天河大弁財天社
御祭神：市杵島姫命
住所：奈良県吉野郡天川村坪内107
TEL：0747·63·0558
アクセス：近鉄吉野線下市口駅よりバス1時間

P63 天岩戸神社
御祭神：西本宮／大日孁命　東本宮／天照皇大神
住所：宮崎県西臼杵郡高千穂町岩戸1073-1
TEL：0982·74·8239
アクセス：宮崎交通高千穂営業所よりバスで20分、車10分

P67 戸隠神社→P84

第四章　須佐之男の活躍

P72 伊賀多気神社
御祭神：五十猛命
住所：島根県仁多郡奥出雲町横田1271
TEL：0854·52·0346
アクセス：JR木次線出雲横田駅より徒歩10分

P77 須我神社→P82

P78 斐伊神社
御祭神：須佐之男尊、稲田毘売命、伊都之尾羽張命
住所：島根県雲南市木次町里方字宮崎463
TEL：0854·40·1054(雲南市観光協会)
アクセス：JR木次線木次駅より車5分

P78 八口神社
御祭神：須佐之男命
住所：島根県雲南市加茂町神原98
TEL：0854·40·1054(雲南市観光協会)
アクセス：JR木次線加茂中駅より車5分

P78 布須神社
御祭神：須佐之男命、稲田姫命
住所：島根県雲南市木次町宇谷367
TEL：0854·40·1054(雲南市観光協会)
アクセス：JR木次線日登駅より車10分

P78 八重垣神社
御祭神：素盞嗚尊、稲田姫命
住所：島根県松江市佐草町227
TEL：0852·21·1148
アクセス：JR山陰本線松江駅よりバス25分

P79 稲田神社→P84

P79 須佐神社→P82

P80 伏見稲荷大社→P84

P107 静之窟
住所：島根県大田市静間町魚津
TEL：0854･89･9090（大田市観光協会）
アクセス：JR山陰本線大田市駅より車10分

P107 静間神社
御祭神：大己貴命、少彦名命
住所：島根県大田市静間町垂水1765
TEL：0854･89･9090（大田市観光協会）
アクセス：JR山陰本線静間駅より徒歩20分

P107 志都岩屋神社
御祭神：大己貴命、少彦名命
住所：島根県邑智郡邑南町岩屋
TEL：0855･95･2565（邑南町商工観光課）
アクセス：中国自動車道高田ＩＣより車20分

P107 生石神社
御祭神：大穴牟遅命、少毘古那命
住所：兵庫県高砂市阿弥陀町生石171
TEL：0794･47･1006
アクセス：JR山陽本線宝殿駅より車５分

P108 気多神社→P134

P108 高瀬神社→P135

P108 気多大社→P135

P108 居多神社→P135

P109 少彦名神社
御祭神：少彦名命
住所：大阪府大阪市中央区道修町2-1-8
TEL：06･6231･6958
アクセス：地下鉄堺筋線北浜駅より徒歩２分

P109 五條天神宮
御祭神：少彦名命
住所：京都府京都市下京区松原通西洞院西入
TEL：075･351･7021
アクセス：地下鉄烏丸線烏丸五条駅より徒歩10分

P109 大洗磯前神社→P136

P109 酒列磯前神社→P136

P110 大神神社→P136

P110 狭井神社→P136

第五章 大国主の国づくり

P89 白兎神社
御祭神：白兎大明神
住所：鳥取県鳥取市白兎宮腰603
TEL：0857･59･0047
アクセス：JR山陰本線鳥取駅よりバス30分

P91 赤猪岩神社
御祭神：大国主神
住所：鳥取県西伯郡南部町寺内232
TEL：0859･64･3787（南部町教育委員会）
アクセス：JR山陰本線米子駅よりバス20分　徒歩20分

P91 大石見神社
御祭神：大国主命
住所：鳥取県日野郡日南町上石見819
TEL：0859･82･1115（日南町役場）
アクセス：JR伯備本線上石見駅より徒歩10分

P94 伊太祁曽神社
御祭神：五十猛命
住所：和歌山県和歌山市伊太祈曽558
TEL：073･478･0006
アクセス：南海電鉄貴志川線伊太祁曽駅より徒歩５分

P102 御井神社
御祭神：木俣神、八上姫命
住所：島根県出雲市斐川町直江2518
TEL：0853･72･3146
アクセス：JR直江駅より徒歩20～30分

P103 朝山神社
御祭神：眞玉著玉之邑日女命
住所：島根県出雲市朝山町上朝山1404
TEL：0853･21･2211（出雲市役所）
アクセス：JR出雲市駅より車10分

P105 出雲大社→P134

P107 三屋神社
御祭神：大己貴命
住所：島根県雲南市三刀屋町給下865
TEL：0854･40･1054（雲南市観光協会）
アクセス：JR木次線木次駅より車５分

P124 諏訪大社→P137

P125 健御名方富命彦神別神社
御祭神：健御名方富命
住所：長野県長野市大字長野字本城東2411
TEL：026·234·7165（信州·長野県観光協会）
アクセス：JR中央本線長野駅よりバス10分

P125 生島足島神社
御祭神：生島大神、足島大神
住所：長野県上田市下之郷中池
TEL：0268·38·2755
アクセス：上田電鉄別所線下之郷駅より徒歩3分

P130 出雲大神宮→P137

P131 鹿島神宮→P138

P131 春日大社→P138

P132 鹽竈神社
御祭神：鹽土老翁神、武甕槌神、経津主神
住所：宮城県塩竈市一森山1-1
TEL：022·367·1611
アクセス：JR仙石線本塩釜駅より徒歩10分

P133 香取神宮→P138

第六章　国譲り

P116 大矢田神社
御祭神：建速須佐之男命、天若日子命
住所：岐阜県美濃市大矢田2596
TEL：0575·33·1122（美濃市経済部商工観光課）
アクセス：東海北陸自動車道美濃ICより車20分

P116 高鴨神社→P137

P117 上賀茂神社
御祭神：賀茂別雷大神
住所：京都市北区上賀茂本山339
TEL：075·781·0011
アクセス：JR東海道本線京都駅よりバス40分

P117 下鴨神社
御祭神：賀茂建角身命、玉依媛命
住所：京都府京都市左京区下鴨泉川町59
TEL：075·781·0010
アクセス：京阪・叡山電鉄出町柳駅より徒歩8分

P119 美保神社
御祭神：三穂津姫命、事代主神
住所：島根県松江市美保関町美保関608
TEL：0852·73·0506
アクセス：JR山陰本線松江駅より車45分　バス1時間30分（乗り換えあり）／JR境港駅よりバス40分（乗り換えあり）

P123 西宮神社
御祭神：えびす大神（蛭児大神）
住所：兵庫県西宮市社家町1-17
TEL：0798·33·0321
アクセス：阪神本線西宮駅より徒歩5分

P150　熱田神宮→P158

P151　鏡作坐天照御魂神社
御祭神：天照国照日子火明命、石凝姥命、天糠戸命
住所：奈良県磯城郡田原本町八尾816
TEL：0744·34·2080（田原本町観光協会）
アクセス：近鉄橿原線田原本駅より徒歩20分

P151　玉祖神社
御祭神：玉祖命　一座未詳
住所：山口県防府市大崎1690
TEL：0835·21·3915
アクセス：JR山陽本線防府駅より車10分

P152　玉作湯神社→P159

P153　霧島神宮→P159

P154　高千穂神社→P159

P156　猿田彦神社→P160

P156　椿大神社→P160

P156　佐太神社→P160

第七章　天孫降臨

P141　真清田神社→P157

P141　服織神社
御祭神：萬幡豊秋津師比賣命
住所：愛知県一宮市真清田1-2-1
TEL：0586·73·5196（真清田神社）
アクセス：JR東海道本線尾張一ノ宮駅より徒歩8分

P142　元伊勢籠神社→P157

P146　佐那神社
御祭神：天手力男命
住所：三重県多気郡多気町仁田156
TEL：0598·39·3266
アクセス：JR紀勢本線佐奈駅より徒歩10分

P147　枚岡神社→P158

P147　天太玉命神社
御祭神：天太玉命
住所：奈良県橿原市忌部町153
TEL：0744·20·1123（橿原市観光協会）
アクセス：JR桜井線金橋駅より徒歩5分

P147　大麻比古神社→P158

P147　安房神社→P158

P147　大原神社
御祭神：天太玉命、天児屋根命
住所：千葉県君津市平山823
TEL：0439·56·2115（沼津市観光協会）
アクセス：JR久留里線平山駅より徒歩3分

神様名索引

本文、コラムおよび系図等の図表の中で、ゴシック体で表した神様について、その掲載ページをまとめました。神様の活躍を追いかける参考にしてください。

あ

阿遅鉏高日子根神《あじすきたかひこねのかみ》……104/115/116
足名椎神《あしなづちのかみ》（足名椎《あしなづち》）……73/78/80
葦原色許男神《あしはらしこおのかみ》→大国主神《おおくにぬしのかみ》
熱田大神《あつたおおかみ》……150
天津国玉神《あまつくにたまのかみ》……115
天津日子根命《あまつひこねのみこと》……58
天津日子番能邇邇芸命《あまつひこひこほのににぎのみこと》→邇邇芸命《ににぎのみこと》
天津麻羅《あまつまら》……64
天照大御神《あまてらすおおみかみ》（天照大神《あまてらすおおかみ》）…26/50/51/52/53/55/57/58/59/62/63/65/66/67/68/73/75/103/104/112/113/114/116/117/118/121/122/131/140/141/142/144/145/147/148/149/150
天照大魂神《あまてるおおたまのかみ》→天火明命《あめのほあかりのみこと》
天照国照彦天火明櫛玉饒速日命《あまてるくにてるひこあめのほあかりくしたまにぎはやひのみこと》→天火明命《あめのほあかりのみこと》
天邇岐志国邇岐志天津日高日子番能邇邇芸命《あめにきしくににきしあまつひこひこほのににぎのみこと》→邇邇芸命《ににぎのみこと》
天石門別神《あめのいわとのわけのかみ》……145/146
天宇受売命《あめのうずめのみこと》（天宇受売命《あめのうずめ》、天宇受売神《あめのうずめのかみ》）…65/66/67/144/145/146/156
天忍穂耳命《あめのおしほみみのみこと》…58/112/113/114/140/141/142
天加久神《あめのかくのかみ》……117/131
天児屋命《あめのこやねのみこと》……65/66/67/145/146/147
天手力男神《あめのたぢからおのかみ》……65/66/67/145/146
天之常立神《あめのとこたちのかみ》……12/13
天鳥船神《あめのとりふねのかみ》……117/118/119/132
天火明命《あめのほあかりのみこと》……140/141/142/143
天菩比神《あめのほひのかみ》（天之菩卑能命《あめのほひのみこと》）……58/113/114/142
天之御中主神《あめのみなかぬしのかみ》……12/13/14/15/16/17/18/43
天若日子《あめのわかひこ》……114/115/116
阿夜訶志古泥神《あやかしこねのかみ》……13

い

活杙神《いくぐいのかみ》……13
活津日子根命《いくつひこねのみこと》……58
伊邪那岐神《いざなきのかみ》（伊邪那岐命《いざなきのみこと》、伊邪那岐大御神《いざなきのおおみかみ》、伊弉諾大神《いざなきのおおかみ》）……12/13/14/15/20/21/22/23/28/29/33/34/35/36/37/38/39/40/41/42/43/50/51/52/54/55/56/57/73/80/116/117/123
伊邪那美神《いざなみのかみ》（伊邪那美命《いざなみのみこと》、伊弉冉尊《いざなみのみこと》）……12/13/14/20/21/22/23/24/25/28/29/31/32/34/35/36/37/38/41/55/68/73/80/93/94/119/123

伊斯許理度売命《いしこりどめのみこと》……64/65/145/146/147/148/149/151

伊豆能売神《いずのめのかみ》……40

五十猛命《いたけるのみこと》……72/94

市寸島比売命《いちきしまひめのみこと》……58/59/61

伊都之尾羽張神《いつのおはばりのかみ》……117

妹高比売命《いもたかひめのみこと》……104/114/115

う

宇迦之御魂神《うかのみたまのかみ》……79/80

保食神《うけもちのかみ》……68

宇都志国玉神《うつしくにたまのかみ》 → 大国主神《おおくにぬしのかみ》

宇比地邇神《うひぢにのかみ》……13

宇摩志阿斯訶備比古遅神《うましあしかびひこじのかみ》……12/13

蛤貝比売《うむぎひめ》……92/103

上筒之男命《うわつつのおのみこと》……41/42

上津綿津見神《うわつわたつみのかみ》……41

お

大麻比古大神《おおあさひこのおおかみ》……147

大国主神《おおくにぬしのかみ》……75/80/86/87/88/89/90/91/92/93/96/97/98/99/100/102/103/104/105/106/107/108/109/110/113/114/117/118/119/120/121/122/124/128/130/143/152

大気津比売神《おおげつひめのかみ》……68

太田命《おおたのみこと》……156

大年神《おおとしのかみ》……79/80

大斗乃辨神《おおとのべのかみ》……13

大直毘神《おおなおびのかみ》……40/41

大名持神《おおなもちのかみ》 → 大国主神《おおくにぬしのかみ》

大穴牟遅神《おおなむじのかみ》 → 大国主神《おおくにぬしのかみ》

大禍津日神《おおまがつひのかみ》……40

大物主神《おおものぬしのかみ》……110/143

大屋毘古神《おおやびこのかみ》……93/94/96

大山津見神《おおやまつみのかみ》……25/73/78/79/80

大綿津見神《おおわたつみのかみ》……25/41

意富加牟豆美命《おほかむずみのみこと》……36

意富斗能地神《おほとのぢのかみ》……13

思金神《おもいかねのかみ》…62/64/114/117/145/146/149

於母陀流神《おもだるのかみ》……13

か

迦具土神《かぐつちのかみ》 → 火迦具土神《ひのかぐつちのかみ》

金山毘古神《かなやまひこのかみ》……25

神産巣日神《かみむすひのかみ》（神産巣日御祖命《かみむすひのみおやのみこと》）…12/13/14/15/68/91/92/106

神大市比売《かむおおいちひめ》……79/80

神直毘神《かむなおびのかみ》……40/41

神屋楯比売命《かむやたてひめのみこと》……104/115

迦毛大御神《かものおおみかみ》 → 阿遅鉏高日子根神《あじすきたかひこねのかみ》

賀茂別雷神《かもわけいかずちのかみ》……142

す

少名毘古那神《すくなびこなのかみ》……106/107/108/109/113/143/152

須佐之男命《すさのおのみこと》………50/51/52/53/54/55/57/58/59/62/63/68/70/71/72/73/74/75/76/77/78/79/80/93/94/96/97/98/99/100/101/ 103/104/113/148/149

須勢理毘売《すせりびめ》………96/97/98/99/102/103/104/105

須比智邇神《すひぢにのかみ》……………………………………13

住吉三神《すみよしさんじん》…………………………………………42

諏訪明神《すわみょうじん》………………………………127/128

そ

底筒之男命《そこつつのおのみこと》………………………………41/42

底津綿津見神《そこつわたつみのかみ》…………………………41/43

た

高木神《たかぎのかみ》 → 高御産巣日神《たかみむすひのかみ》

高御産巣日神《たかみむすひのかみ》…12/13/14/15/62/92/112/114/118/121/140/141/142/144

多岐都比売命《たきつひめのみこと》…………………………58/59

多紀理毘売命《たきりびめのみこと》……………58/59/103/104/105/115

建速須佐之男命《たけはやすさおのみこと》 → 須佐之男命《すさのおのみこと》

建御雷神《たけみかづちのかみ》 → 建御雷之男神《たけみかづちのおのかみ》

建御雷之男神《たけみかづちのおのかみ》……29/117/118/119/120/123/124/128/131/132/133/141/147

き

蚶貝比売《きさがいひめ》………………………………92/156

支佐加比売命《きさかひめのみこと》 → 蚶貝比売《きさがいひめ》

く

久延毘古《くえびこ》………………………106/108/109

菊理媛神《くくりひめのかみ》……………………………………38

櫛明玉命《くしあかるたまのみこと》 → 玉祖命《たまのやのみこと》

櫛石窓神《くしいわまどのかみ》 → 天石門別神《あめのいわとのわけのかみ》

櫛名田比売《くしなだひめ》…………73/76/77/78/79/80

国之常立神《くにのとこたちのかみ》（国常立尊《くにのとこたちのみこと》）……12/13/14/15

熊野久須毘命《くまのくすびのみこと》……………………………58

闇淤加美神《くらおかみのかみ》…………………………………29

闇御津羽神《くらみつはのかみ》…………………………………29

こ

事代主神《ことしろぬしのかみ》……104/115/118/119/120/121/122/123/128

さ

狭太大神《さだおおかみ》……………………………………156

猿田毘古神《さるたびこのかみ》………143/144/145/146/156

猿女君《さるめのきみ》 → 天宇受売命《あめのうずめのみこと》

し

鹽土老翁神《しおつちおぢのかみ》………………………………133

下照比売《したてるひめ》 → 妹高比売命《いもたかひめのみこと》

志那津比古神《しなつひこのかみ》（級長津彦命《しなつひこのみこと》）………………25

建御名方神《たけみなかたのかみ》（建御名方富命《たけみなかたとみのみこと》）…115/119/123/124/125/126/127/128

手力男神《たぢからおのかみ》 → 天手力男神《あめのたぢからおのかみ》

玉祖命《たまのやのみこと》…………64/65/145/146/148/149/151/152

つ

月読命《つくよみのみこと》（月読尊《つくよみのみこと》）……………50/51/52/68

角杙神《つのぐいのかみ》……………………………………………13

て

手名椎神《てなづちのかみ》（手名椎《てなづち》）……………………73/80

と

常世思金神《とこよおもいかねのかみ》 → 思金神《おもいかねのかみ》

豊石窓神《とよいわまどのかみ》 → 天石門別神《あめのいわとのわけのかみ》

豊受大御神《とようけのおおみかみ》 → 登由宇気神《とようけのかみ》

登由宇気神《とようけのかみ》…………………26/68/145/150

豊雲野神《とよくものかみ》……………………………………13

豊鍬入姫命《とよすきいりびめのみこと》…………………………149

鳥之石楠船神《とりのいわくすふねのかみ》 → 天鳥船神《あめのとりふねのかみ》

な

中筒之男命《なかつつのおのみこと》……………………………41/42

中津綿津見神《なかつわたつみのかみ》……………………………41

泣澤女神《なきさわめのかみ》……………………………28/33

に

邇邇芸命《ににぎのみこと》……68/140/141/142/143/145/146/148/149/152/153/154/155/156

ぬ

沼河比売《ぬなかわひめ》…………………102/103/104/108

は

白兎大明神《はくとだいみょうじん》……………………………………89

速須佐之男命《はやすさおのみこと》 → 須佐之男命《すさのおのみこと》

ひ

彦火明命《ひこほあかりのみこと》 → 天火明命《あめのほあかりのみこと》

日子番能邇邇芸命《ひこほのににぎのみこと》 → 邇邇芸命《ににぎのみこと》

火之迦具土神《ひのかぐつちのかみ》…24/28/29/30/31/35/117

蛭子大神《ひるこおおかみ》（水蛭子《ひるこ》）……………………22/123

ふ

経津主神《ふつぬしのかみ》………………………………132/133

布刀玉命《ふとだまのみこと》………65/66/67/145/146/147

ま

正勝吾勝勝速日天忍穂耳命《まさかつあかつかちはやひあめのおしほみみのみこと》（正勝吾勝勝速日天之忍穂耳命）→ 天忍穂耳命《あめのおしほみみのみこと》

眞玉著玉之邑日女命《またまつくたまのむらひめのみこと》……103

み

御左口神《みしゃぐじのかみ》……127

御年神《みとしのかみ》……80

三穂津姫命《みほつひめのみこと》……121/130

宮簀媛《みやすひめ》……149/150

む

宗像三女神《むなかたさんじょしん》……59/60/104/115

も

洩矢神《もりやのかみ》……126

や

八重事代主神《やえことしろぬしのかみ》→ 事代主神《ことしろぬしのかみ》

八上比売《やがみひめ》……86/87/89/90/102/104

八坂刀売神《やさかとめのかみ》……125

八島士奴美神《やしまじぬみのかみ》……77/79/80

八十禍津日神《やそまがつひのかみ》……40

八千矛神《やちほこのかみ》→ 大国主神《おおくにぬしのかみ》

倭大国魂《やまとおおくにたま》……148

倭健命《やまとたけるのみこと》……149/150

倭比売命《やまとひめのみこと》（倭姫命）……26/149/150/156

よ

萬幡豊秋津師比売命《よろづはたとよあきづしひめのみこと》……140/141/142

黄泉神《よもつかみ》……34

わ

綿津見神《わたつみのかみ》……41

参考文献

『神道事典』国学院大学日本文化研究所編集（弘文堂）
『古事記　祝詞（日本古典文学大系）』倉野憲司・武田祐吉校注（岩波書店）
『日本書紀　上、下（日本古典文学大系）』坂本太郎・家永三郎・井上光貞・大野晋校注（岩波書店）
『出雲国風土記』荻原千鶴全訳注（講談社）
『古代日本正史　記紀以前の資料による』原田常治（同志社）
『消された覇王　伝承が語るスサノオとニギハヤヒ』小椋一葉（河出書房新社）
『日本の神々』谷川健一編（白水社）
『歴代天皇総覧』笠原英彦（中央公論新社）
『古事記のものがたり』小林晴明・宮崎みどり（サン・グリーン出版）
『古事記・日本書紀を歩く』林豊（ＪＴＢ）
『神話のおへそ』神社本庁監修（扶桑社）
『図説　古代出雲と風土記世界』瀧音能之編（河出書房新社）
『ビジュアル神社総覧　全国一の宮めぐり』薗田稔監修（学習研究社）
『開運！　神社めぐり　日本の神さまと神話を知る旅』辰宮太一・藤臣柊子（ワニブックス）
『お伊勢さん１２５社めぐり』（伊勢文化舎）
『世界遺産　高野山・熊野古道ベストコース完全ガイド』（扶桑社）
『天皇家の〝ふるさと〟日向をゆく』梅原猛（新潮社）
『日本魔界案内』小松和彦（光文社）
『「出雲神話」の真実』関裕二（ＰＨＰ研究所）
『図説　地図とあらすじでわかる！　古事記と日本書紀』坂本勝監修　（青春出版社）
『古事記と日本人』渡部昇一（祥伝社）
『街道をゆく』司馬遼太郎（朝日新聞社）
『伊勢神宮　東アジアのアマテラス』千田稔（中央公論新社）
『霊山と日本人』宮家準（ＮＨＫ出版）
『空海と密教』頼富本宏（ＰＨＰ研究所）
『幸せが授かる日本の神様事典』ＣＲ＆ＬＦ研究所編著（マイナビ）
『神道と日本人』山村明義（新潮社）

終わりに

日本の神話と神様たちを訪ねる旅はいかがでしたか？

長年「書きたい！」と願っていた内容でしたが、いざ書き出すと「私のような者が神様を語っていいのだろうか？」と不安になり、夜うなされることも度々……。

でも、こうして皆様のお手元に届いたということは、神様が「書いてもいいよ」とお許しくださったということかなあと、少しだけ胸を撫で下ろしています。

日本各地の神社や祭りを訪ね歩いて、二十年近くになります。何も知らないところから、『古事記』や『日本書紀』、今回は触れませんでしたが邪馬台国など古代史にまつわる謎解き本などを読みあさり、神様の名前やその背景を知るにつれ、神社めぐりが加速度をつけて楽しくなっていきました。

摂社末社まですべて御祭神の名前を確かめて回り、「ほっほー、こんなところにこの神様がねえ」なんてメモを取る瞬間もニヤニヤするほど楽しくて幸せなのですが、私が最も幸せに感じる瞬間といえば。

参拝しようと御本殿に向かう途中、脇の細道からなんだか気持ちのいい風が吹いてくる。誘われるまま細道を入っていくと、古代、神様が天降られたと伝わる場所であったり、社殿ができるずーっと前、もともと祈りが捧げられていた場所であったりするのです。

お寺で「聖なる気」を感じるとしたら、思いを込めて作られた仏像やそこで尊い修行を積んだ数多くの名もなき僧侶たちが形成したもの。対して神社は、その場そのものが「聖なる気」を発しているものなのですよね。

それを今の私たちよりも遥かに敏感に、繊細に感じ取り、畏敬し、手を合わせてきたのが私たちの祖先だと思うのです。

神社を訪れて、「ああ、ありがたいなあ」と思う瞬間、そんな祖先たちとつながれたようで幸せな気持ちになります。そして、その日本人としての遺伝子はまぎれもなく、神社の中にいらっしゃる神様たちともつながっているのです。

この本を書いて、ますます神社が、日本が好きになりました。この本を読まれた皆様にもそんな気持ちが少しでも伝染していたら、この上ない幸せです。

最後に、ご紹介させていただいた日本各地の神社関係者の皆様、神社本庁の皆様には様々なご示唆、ご教示をいただきました。厚く御礼申し上げます。

また素晴らしいイラストを描いてくださったおおの麻里さん、マニアックな内容をポップなヴィジュアルに仕上げてくださった山下可絵さん、根気のいる編集作業を黙々と遂行してくださったマイナビの成田晴香さん、私に神社めぐりの楽しさを教えてくれたすべての方に心から感謝いたします。

秦まゆな

『古事記』編纂千三百年　皇紀二六七二年十一月吉日

著者紹介　秦《はた》 まゆな　日本文化案内人・文筆家

千葉県市川市生まれ。学習院大学文学部史学科卒。幼い頃から相撲、歌舞伎、着物、伝統行事など「日本を感じさせるもの」に興味をもつ。『焼酎ぐるぐる』(大田垣晴子著・ワニブックス)、『生きざま』(貴乃花光司著・ポプラ社)、『笹川流』(笹川能孝著・竹書房)、『神社に行っても神様に守られない人、行かなくても守られる人』(岡田能正著・双葉社)など、日本の歴史・文化に根ざした本づくりに従事。近著に『美しい古墳　白洲塾長の日本一毒舌な古墳の授業』(白洲信哉共著・ワニプラス)がある。

新版　日本の神話と神様手帖　あなたにつながる八百萬《やおよろず》の神々

2018年11月30日　初版第1刷発行

著者　秦まゆな
発行者　滝口直樹
発行所　株式会社マイナビ出版
〒101-0003　東京都千代田区一ツ橋2-6-3一ツ橋ビル2F
電話／0480-38-6872(注文専門ダイヤル)
03-3556-2731(販売部)
03-3556-2735(編集部)
メール／pc-books@mynavi.jp
URL／http://book.mynavi.jp
撮影・写真提供　伊弉諾神宮(P44中段)、大山祇神社(P45中段)、熊野那智大社(P48中段)、住吉大社(P48下段)、八坂神社(P84中段)、氷川神社(P84下段)、津島神社(P82上段)、須佐神社(P82下段)、多賀大社(P83上段)、宗像大社(P83中段)、新谷孝一(P83下段)、奥出雲町地域振興課観光推進室(P84中段)、伏見稲荷大社(P84下段)、高岡市産業振興部観光交流課(P134下段)、高瀬神社(P135上段)、気多大社(P135中段)、居多神社(P135下段)、出雲大神宮(P137下段)、春日大社(P138中段)、元伊勢籠神社(P157下段)、枚岡神社(P158上段)、熱田神宮(P154下段)、高千穂神社(P159下段)、椿大神社(P160中段)、秦 まゆな(上記以外)
編集　成田晴香(株式会社マイナビ出版)
校正　柳元順子
印刷・製本　株式会社大丸グラフィックス

ISBN978-4-8399-6831-1　Printed in Japan